源平合戦・あの人の「その後」

伝説・伝承にみる「それから」の人間模様

日本博学倶楽部

PHP文庫

○本表紙図柄＝ロゼッタ・ストーン（大英博物館蔵）
○本表紙デザイン＋紋章＝上田晃郷

はじめに

「祇園精舎の鐘の声……」の名調子で始まる『平家物語』は、貴族の勢力が後退し、新しい歴史の担い手の座を巡って源氏と平氏が激しく争った時代の物語だ。

平安末期、貴族の力が弱まると、源氏、平氏を中心とした武士勢力の台頭が始まる。この大きな変革期にあって、まず平氏が政治の実権を握り、空前の繁栄を謳歌した。

だが、権勢を頼みに傲慢に振る舞い「おごれる者」とまで形容された平氏は、やがて源氏によって滅亡へと追い込まれる。そして、この源氏は、長期武家政権の礎となった鎌倉幕府を樹立。貴族が日本という国を動かしていた時代は終幕を迎え、武士たちが世を動かしていく中世が幕を開けるのだ。

こうした歴史の変革期には、魅力的な人物がなぜか綺羅星のごとく登場する。源頼朝、義経、木曾義仲、そして、平清盛……。彼らは新しい時代を切り開くべく熱い志を胸に抱き、己の信ずるままに激しい戦いを演じた。

実際に注目されるのは、彼らが華々しく活躍したわずかな期間だけのことだが、英雄たちは、この争乱の時代が終わった後も、興味深い逸話の数々を残している。

たとえば、平氏追討に大きな功績を残した源平争乱期最大の英雄・源義経がモンゴルに渡り、今度はモンゴル最大の英雄チンギス・ハーンとなり、ユーラシア大陸を席巻したという伝説が有名であろう。

戦いに敗れた平氏の人々にまつわる興味深い伝説も残っている。「見るべき程の事は見つ」と壇ノ浦の海に飛び込んだ平知盛や、平清盛の妻時子に抱かれ、海に沈んだ安徳天皇にまつわる生存説が日本各地に残されているのだ。

また、屋島の戦いにおいて船上に掲げられた扇を射落とし、弓の名手と称えられた那須与一にいたっては、なんと武門の道を捨て、意外な余生を送っている。さらに、義経が愛した静御前が鎌倉を離れたのちどうなったのか？　興味は尽きない。

このように、本書が注目するのは、源平争乱の時代と幕開けとなった保元の乱から、源頼朝が征夷大将軍となった建久三（一一九二）年にいたるまでの間に活躍した源氏、平氏の人々の「その後」である。

武士の時代を斬り開いた歴史の担い手達の「その後」を知ることで、彼らの姿がますます魅力的なものとなるだろう。

日本博学倶楽部

源平合戦・あの人の「その後」

目次

第二章 武士なら潔く⁉ あの人の壮絶な死に際

第三章 出自に翻弄された！ あの人の数奇な運命

第五章 おごれる人も久しからず…… あの人の悲しい晩年

第六章　合戦に引き裂かれた!?　あの人の熱い恋心

第七章 新たな活躍!? あの人の意外な余生

本文イラスト――垂井ひろし

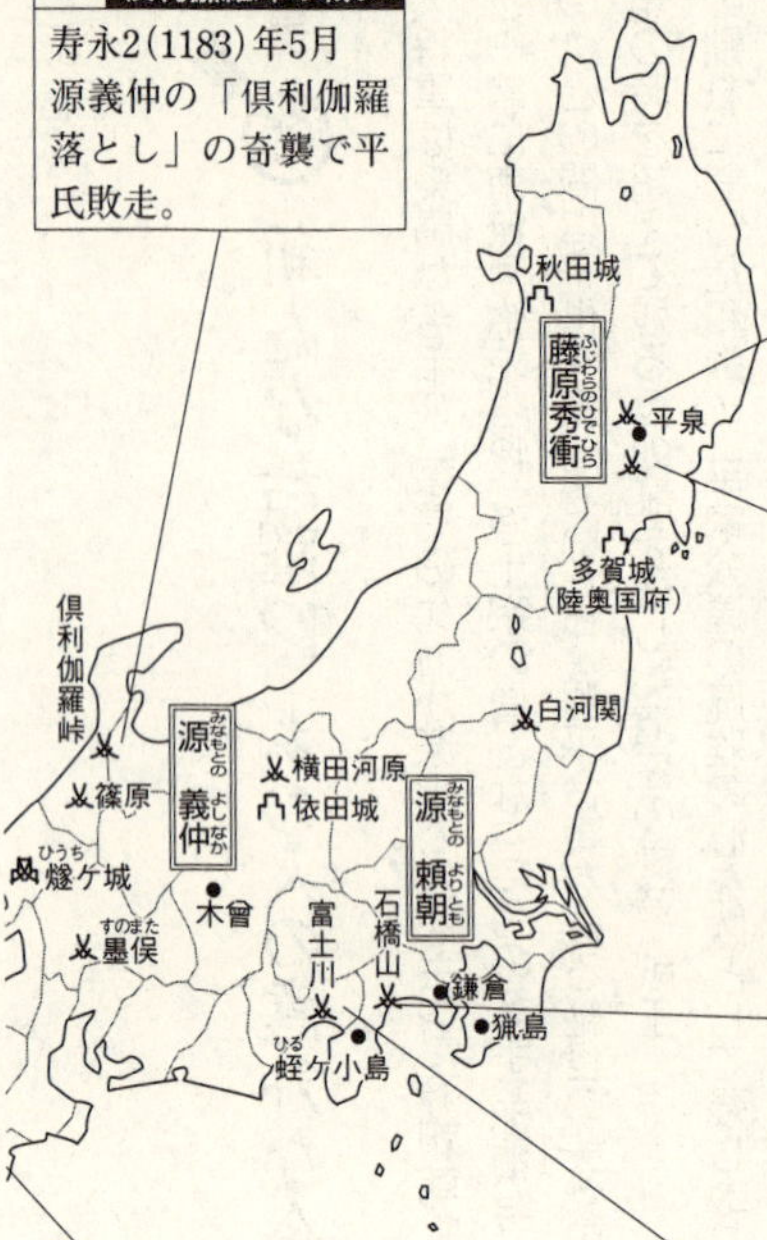

4 倶利伽羅峠《くりからとうげ》の戦い

寿永2(1183)年5月
源義仲の「倶利伽羅落とし」の奇襲で平氏敗走。

9 衣川《ころもがわ》の戦い

文治5(1189)年閏4月
源義経を藤原泰衡が殺害。その首を頼朝に差し出した。

10 阿津賀志山《あづかしやま》の戦い

文治5(1189)年8月
奥州へ侵攻した源頼朝が藤原泰衡、国衡を破る。泰衡は逃亡し、のちに味方の裏切りに遭って死去。

2 石橋山の戦い

治承4(1180)年8月
頼朝挙兵後、初の合戦。頼朝は平氏方の大庭景親らに大敗し、海路安房に逃れる。

3 富士川の戦い

治承4(1180)年10月
富士川両岸に平維盛率いる追討軍と頼朝軍が対陣。平氏軍は水鳥の飛び立つ羽音を敵の襲来と誤認し敗走する。

5 宇治・瀬田の戦い

寿永3(1184)年1月
源《みなもとの》範頼《のりより》・義経が源(木曽)義仲を追討。義仲は粟津で敗死。

源平合戦関連地図

鹿ヶ谷《ししがたに》事件

治承元(1177)年5月
後白河法皇の院近臣《いんのきんしん》藤原成親《なりちか》・僧俊寛《そうしゅんかん》らが平氏打倒を計画したがほどなく発覚し、失敗。

8 壇ノ浦の戦い

元暦2(1185)年3月
源平最後の戦い。安《あん》徳《とく》天皇、平家一門入《じゅ》水《すい》。平宗《むね》盛《もり》は捕虜。平氏は滅亡。

6 一ノ谷の戦い

元暦元(1184)年2月
義経、平氏を「鵯越《ひよどりごえ》の逆落し」で奇襲。平氏は四国に敗走。

7 屋島《やしま》の戦い

元暦2(1185)年2月
源義経は荒天の中、阿波勝浦に上陸し、背後より急襲する。

1 源《みなもとの》頼政《よりまさ》の挙兵

治承4(1180)年5月
以仁王を奉じて挙兵し、平知盛・維盛の攻撃を受け宇治平等院で自害。

源平の系図

●平氏系図

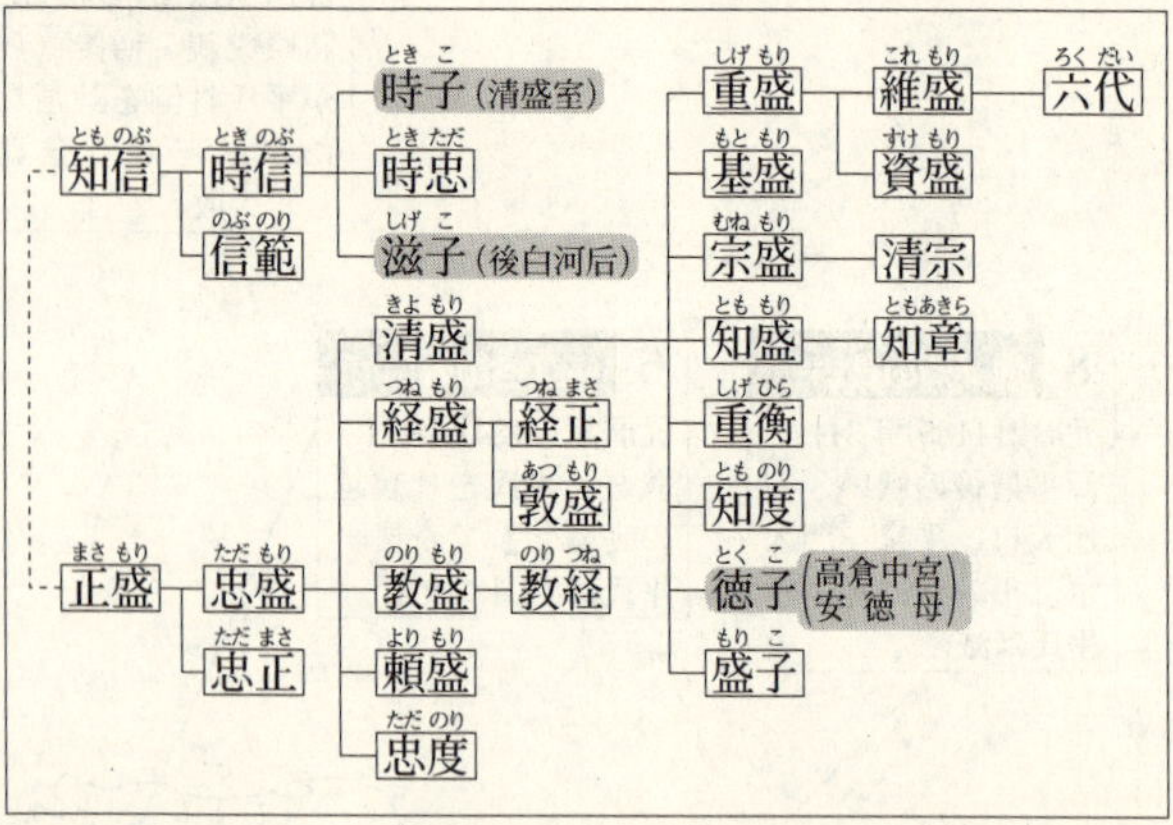

●源氏系図

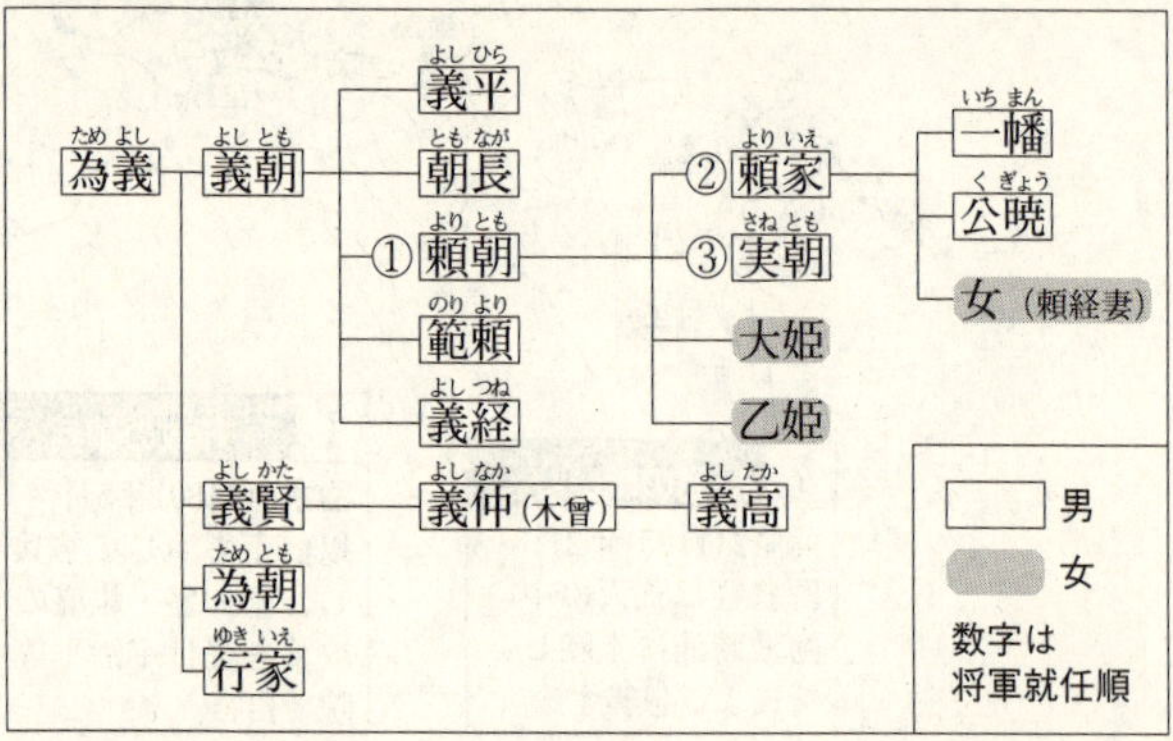

序章

5分でわかる!!
源平合戦

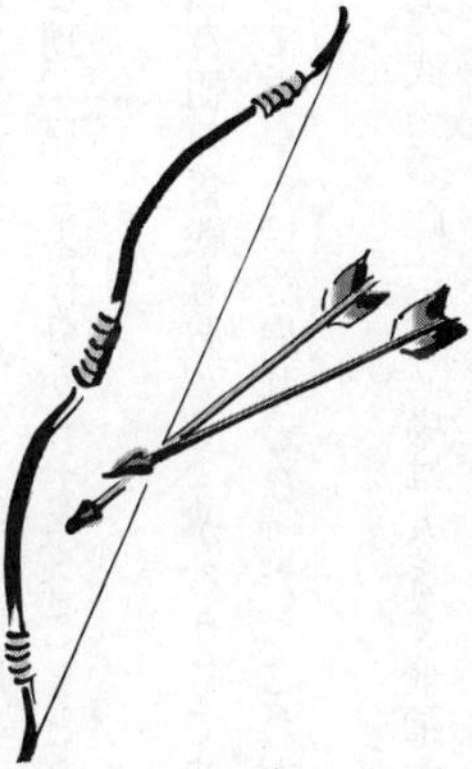

貴族政治から武家政治への過渡期に発生した源平合戦。全国の武士を二分する戦いのきっかけは、朝廷内での権力闘争に端を発する。

十二世紀中頃、朝廷では崇徳上皇《すとくじょうこう》と後白河天皇《ごしらかわてんのう》が「治世の君」を巡って対立していたほか、関白の藤原忠通《ふじわらのただみち》は、弟の左大臣頼長《よりなが》や父である前摂政関白と抗争を繰り広げていた。その権力闘争で、まず動いたのが天皇と忠通である。源義朝《みなもとのよしとも》、平清盛《たいらのきよもり》など有力な武士たちに忠誠を誓わせ、警護を命じた。さらに、頼長方の武士を捕えたり、天皇呪詛《じゅそ》を行ったとして僧を逮捕したりするなど、しきりに上皇と頼長を挑発。追い詰められた上皇と頼長もついに武士を招集し、こちらには源義朝の父・為義《ためよし》や弟の為朝《ためとも》、平清盛の叔父・平忠正《ただまさ》などが集まった。天皇家、藤原家のみならず、源氏と平氏までもが親と子、叔父と甥、兄と弟に分かれて争うこととなったのである。

戦も天皇方から口火が切られた。上皇方は源為朝の奮戦もあって、かろうじて持ちこたえるが、寡兵《かへい》を挽回できず、四時間ほどで上皇方は総崩れとなった。これが保元《ほうげん》の乱である。

この保元の乱において、中心的役割を担った武士の政治的立場は大きく飛躍する。同時に平氏と源氏との力の差は大きく広がっていった。この乱後、崇徳上皇が讃岐国に流され、敵味方に分かれて戦っていた源氏や平氏は、勝利者によって同族の敗者を処刑させられたわけであるが、平清盛は乱を制した後、巧みに後白河天皇の寵臣《ちょうしん》・信西《しんぜい》に取り入り、朝廷に進出する機会を得た。これに対し、源義朝は、親兄弟を失い痛烈な損害を受けたにもかかわらず、大きな恩賞も得られなかったため、朝廷における勢力伸長に失敗するのである。

さらに源氏は追い討ちをかけられる。義朝が平治《へいじ》の乱を引き起こし、挽回を図るものの、あえなく敗れ去り、清盛によって朝廷内の勢力を一掃されてしまうのだ。一方の清盛は従三位《じゅさんみ》・参議《さんぎ》を経て太政大臣《だじょうだいじん》まで出世。ますます力をつけた平氏は、清盛の娘・徳子《とくこ》が高倉天皇《たかくらてんのう》に入内《じゅだい》するほか、朝廷の要職を独占していった。

そうした状況のなか、平氏勢力の拡大を恐れた後白河法皇や僧の西光《さいこう》らが、平氏討伐を企てた鹿ケ谷《ししがたに》事件が起こる。酒を容れる瓶子《へいじ》が倒れたのを見て、「瓶子（平氏）が倒れた」と平氏を揶揄《やゆ》したことでも有名だ。しかし陰謀はその決行前に露見、清盛は加担者を容赦なく処刑、島流しなどに処した。そして、後白河法皇をも鳥羽院に幽閉、院政を停止させる。高倉天皇の子、安徳天皇《あんとくてんのう》に帝位が譲られると、清盛は帝の祖父という地位も手にした。平家一門の栄華はここに極まる。

しかしその繁栄は、朝廷や源氏の恨みをさらに増大させるものであった。

治承四（一一八〇）年五月、平治の乱で平氏方に寝返ったため、源氏としてただ一人朝廷に命脈を保っていた源頼政《よりまさ》が、後白河法皇の第二皇子・以仁王《もちひとおう》を奉じて兵を挙げる。だが、圧倒的な兵力を持つ平氏の前に、結局は失敗に終わり、源氏の勢力は完全に政治の舞台から姿を消した。

ところが、この事件をきっかけに、全国規模で反平氏の気運が一気に高まった。以仁王は挙兵の際、全国の源氏に挙兵を呼びかける令旨《りょうじ》を送っていたのである。これに呼応する形で、まず伊豆で源氏の武士が平氏に反旗を翻《ひるがえ》した。源頼朝《よりとも》である。彼は保元・平治の乱で多くの源氏が殺されていったなか、かろうじて死を免れ、伊豆に流されていたのだ。頼朝は、配流《はいる》生活中にも東国の武士たちと連絡を取り、情報も収集していた。そして治承四年八月、ついに挙兵するに至る。

頼朝は、相模《さがみ》国の石橋山では平氏方の大庭景親《おおばかげちか》率いる大軍の前に敗北を喫したが、その後、房総へ渡り再起。富士川の戦いでは、戦うことなしに平氏を敗走させることに成功し、源氏が東国の覇権を握る。奥州《おうしゅう》藤原氏のもとに身を寄せていた頼朝の弟・義経《よしつね》が駆けつけたのもこの頃とされる。

源氏が勢いを増すなか、平氏の棟梁・清盛は重病に倒れ、間もなく世を去る。

さらにここへ源氏に強力な武士が現れる。信濃の源氏一族、木曾義仲《きそよしなか》である。義仲は、越中《えっちゅう》と加賀国境の倶利伽羅峠《くりからとうげ》の戦いで、十万の兵を擁する平維盛《たいらのこれもり》軍を破った。日暮れに周囲から喚声を上げつつ迫り、平氏軍を一気に谷へ追い落とすという奇襲が成功したのである。さらに彼は比叡山《ひえいざん》の僧を味方につけ、都へと攻め入った。そうして京の平家一門と彼らが擁する安徳天皇を摂津福原（現・神戸市）へと追いやり、ついに平氏を権力の座から引きずりおろすのである。

勢いに乗った義仲は、クーデターを起こして征夷大将軍の地位を得、旭将軍と名乗る。しかし、義仲自身の〝山猿〟と侮蔑されるような野蛮なふるまいや、規律観念の欠如した兵士たちの横行は、京の人々の嫌悪の対象となった。

こうしたことを理由に、朝廷から頼朝に義仲追討の命令が下る。そして義仲は宇治・瀬田の戦いにおいて敗北。粟津《あわづ》にて義経、範頼《のりより》に討たれたのだった。

氏族の内紛を片付けた源氏は、都落ちした平氏の追撃を開始する。この一連の戦で大活躍したのが源義経であった。

まず、混戦となった一ノ谷の戦いでは、平氏の陣の背後から鵯越《ひよどりごえ》の逆落としをもって奇襲を敢行。兵力に勝る平氏を打ち破った。

さらに翌年、義経は雨風に乗じて摂津渡辺を出帆、早朝わずか百五十余騎を引き連れて阿波国勝浦に上陸し、一気に屋島を攻撃する。不意を突かれた平氏軍は再び敗走を余儀なくされるのだった。

そして、壇ノ浦の戦いが源平最後の戦となる。開戦当初は平氏に有利な潮流だったが、潮の逆流とともに戦況も源氏の優勢に転じ、源氏が勝利を収めた。平家一門の人々は西国の海に消え、ここに栄華を誇った平家は滅亡する。

平氏を滅ぼした義経は京へと凱旋する。頼朝の平氏追討とはいえ、事実上平氏を滅ぼした義経は一躍英雄となった。しかしその後義経は頼朝の許可なく任官を受けるなど次第に朝廷へと近づいていく。そんな義経を兄頼朝は危険視し、ついに討伐命令を下すに至る。義経は弁明も空しく奥州へと逃亡。頼朝は義経の擁護者藤原秀《ひで》衡《ひら》の死後、その息子・泰衡《やすひら》に義経を差し出すよう圧力をかける。この圧力に屈した泰衡は、衣川《ころもがわ》の義経の館を急襲。もはやこれまでと覚悟を決めた義経は、妻子ともども自害した。

芭蕉《ばしょう》が元禄二（一六八九）年の夏に奥州を訪れ、そんな義経主従などを通して人の世の興亡を儚《はかな》んだ「夏草や兵《つわもの》どもが夢の跡」の句は有名である。

さらに頼朝は奥州平泉へと軍を派遣、泰衡もほどなく頼朝によって滅ぼされた。源頼朝は平氏ばかりでなく東北の一大勢力であった奥羽藤原氏という脅威を取り除くことに成功したのである。

ほどなく頼朝は鎌倉幕府を樹立。征夷大将軍として、その頂点に君臨し、武士政権の礎を築くのである。

源平の争いは、全国を騒乱の渦に巻き込んだとともに、大きな時代の節目であった。

朝廷内での権力闘争に武士を巻き込んだことによって、それまでは低い身分として見下されていた武士たちが自身の力を自覚し、自分たちの政権を立てるという野心を燃え上がらせるようになる。それは朝廷で身分を得、政治を掌握するという平氏政権に始まり、独自の政権を打ち立てた鎌倉幕府へと昇華された。

こうして、貴族が政治の中枢にあった平安時代が終わりを告げ、武士が歴史を動かす中世に時代が移り変わっていくのである。

第一章

英雄は生きていた⁉
あの人の伝説

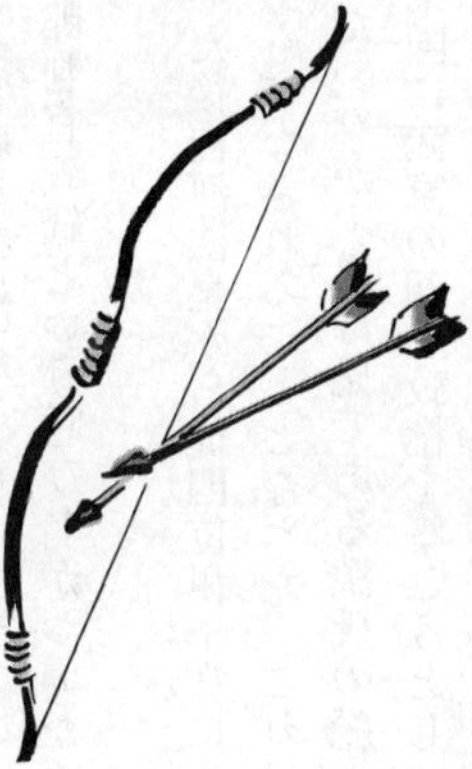

英雄は死せず！東北各地に足跡を残して消えた源義経

「判官《ほうがん》びいき」という言葉がある。気の毒な身の上の人や弱い人などに同情して肩を持ったり、応援したりするという意味である。この「判官」という言葉が示す人物こそ、源　義経《みなもとのよしつね》である。

なぜ義経が「判官」なのかというと、義経が平氏追討に活躍したことを受け、後《ご》白河法皇《しらかわほうおう》が義経に検非違使《けびいし》と左衛門少尉《さえもんのしょうい》という官職を授けたことに由来する。この職が判官と呼ばれていたため、義経には九郎判官《くろうほうがん》義経という呼び名がついたのだ。

さらに平氏討滅後、義経を大変気に入っていた後白河法皇から従四位《じゅよんい》伊予守《いよのかみ》にも任ぜられるなど、義経は京の都にあって手厚くもてなされることとなった。これは義経の意図したところではなかった論功行賞《ろんこうこうしょう》だったが、異母兄である源氏の総大将・頼朝《よりとも》を激怒させてしまう結果となった。東国に武家の独立政権を築こうとしていた頼朝にとって、武家の棟梁たる頼朝に無断で朝廷から官職を得るということは

許し難い反逆行為だったのである。

そして、平氏を滅亡させた壇ノ浦の戦いからわずか七か月後、文治元（一一八五）年十月に義経は謀反《むほん》人とされて追討令が出される身の上となってしまったのだ。

その後、義経はこの追捕を逃れて奥州平泉に向かい、庇護者だった藤原秀衡《ふじわらのひでひら》のもとに潜伏する。だがその秀衡が死去すると彼の運命は尽きた。秀衡の子泰衡《やすひら》は頼朝からの義経追討命令に抗しきれず、文治五（一一八九）年閏四月末、衣《ころも》川《がわ》に義経を急襲。襲撃を受けた義経は、妻子ともども自害したといわれている。

しかし、義経については衣川の戦いにおいて死んではいないという伝説がいくつも残されており、いまだに終焉の地となった東北地方を中心として義経のその後を巡る伝説が信じられている。

伝説の一つは、義経は奥州からさらに北へと逃げ、蝦夷《えぞ》（現・北海道）へ渡ったというもの。さらに、蝦夷から大陸へ渡り、モンゴルを制圧。得意の騎馬戦術でユーラシア大陸を席捲《せっけん》した、モンゴルの英雄チンギス・ハーンは義経にほかならない、という伝説が有名であろう。

この義経伝説は一見、突拍子もない作り話に思われるが、あながち空想のものとはいいきれない、奇妙な符合を残している。

たとえば、蝦夷に渡ったとする説では、アイヌの人々が祭壇を設けてオキクルミと呼ばれる存在を奉っているが、これが義経だといわれている。また、奥州の各地に義経が落ち延びる際にしたためたとされる借用書や、夜営地跡と伝えられる場所が今も伝えられており、それらの地点を結んでいくと、一つのルートが浮かび上がるのも興味深い事実であろう。

さらに、モンゴルでは騎馬で弓を射ることを「ヤブサメル」と発音するのだが、これは日本で武士が盛んに行った「流鏑馬《やぶさめ》」と同じ発音であり、そんな言葉を使ったのは義経以外に考えられないのではなかろうか。そして、のちに大帝国を築き上げる清朝はモンゴル族の後裔《こうえい》とされ、「清」という名が、義経が清和源氏《せいわげんじ》の流れを汲んでいることと無関係ではないという指摘まである。

また、国内の歴史書においても、衣川での義経の死に関して疑惑の持たれる点が数多く存在する。

衣川の戦いで自害した義経の首は、鎌倉に届けられて検分されるのだが、奥州から鎌倉まで、初夏の日差しの下、わざわざ四十日間をかけて運ばれており、果たして顔を正確に検分できる状態だったかどうか……。それは、はなはだ怪しいといわざるを得ない。

さらに、幼い頃から義経を可愛がった奥州藤原氏が、秀衡が死去した途端に、あっさり義経を見捨てることができたのかという点も疑問として残るところだ。そもそも義経が命を落としたとされる衣川の戦い自体が本当に行われたかどうかを示す明確な記録が残されていない。つまり、奥州藤原氏が鎌倉から再三催促される義経追討令に従うかのように衣川の戦いを演出し、誰かの首を義経のものとして差し出す、という大芝居をうった可能性も否定しきれないのだ。

こうした背景に加えて、平氏との戦いにおいて見事な戦略を練り上げて実行した天才戦略家の義経が、そう簡単に死に追いやられるはずはないという、「判官びいき」の感情がこうした伝説を後押ししているといえよう。

果たして、平氏を倒すことだけに一生を捧げた稀代の英雄・源義経は源平合戦後、伝説となって北の大地へ消えていった。

仁王立ちでも死ななかった!?
義経を追って蝦夷へ向かった武蔵坊弁慶

武蔵坊弁慶《むさしぼうべんけい》といえば、常に源義経の傍にあり、股肱《ここう》の臣として主君義経を支え続けた人物である。謎の多い生い立ちであることや、彼にまつわる話が人間離れしていることなどから、以前は架空の人物であるという説も出たほどだ。だが、『吾妻《あづま》鏡《かがみ》』のなかに弁慶法師や武蔵坊弁慶などの名前が見えることから、実在の人物であると考えられるようになった。

武蔵坊弁慶は熊野別当湛増《くまのべっとうたんぞう》の子として、この世に生を受けたという。熊野別当とは、当時庶民などから篤い信仰を寄せられていた紀伊熊野三山を統轄する長のことを指す。

そんな弁慶の誕生秘話がまた人間離れしている。

弁慶はなかなか生まれず、母の胎内に十八か月、あるいは三年三か月という長い期間あってから誕生したという伝説があるのだ。そのため母の胎内から出たばかりで、すでに黒髪は肩まで長く伸び、歯もはえそろっていたという。

湛増は驚き、異形《いぎょう》の童子を捨ててしまう。だが、のちに拾われて比叡山で修行を積み、京の五条大橋で運命の出会いを迎えた。のちの源義経、牛若丸との出会いである。『義経記《ぎけいき》』によれば、牛若丸の刀を奪おうとしたものの、反対に敗れてしまった弁慶は以後、義経の影のように付き添うことになったという。

平氏打倒に執念を燃やす義経をよく助けた弁慶は、三尺五寸の太刀を軽々と操り、その豪腕ぶりに敵方の武将は恐れおののいたといわれている。しかし、武力だけではなく、機知、奇略を繰り出すことのできる頭脳明晰な一面も併せもち、義経が兄頼朝の放った追討軍から逃れる際にも大きな手助けを幾度となくしている。

弁慶の最期となった衣川の戦いでの活躍ぶりも、彼を英雄へと押し上げる一因となっている。

奥州藤原秀衡のもとに身を寄せていた義経だが、秀衡の子・泰衡が父の死をきっかけにして裏切り、頼朝に通報して義経を襲撃する。

寄せ手二万に対して、義経や弁慶はわずか八人。いかに剛者といってもあまりに兵の数が違う。手傷を負った弁慶は、義経に別れの挨拶をしてから敵の陣中へと斬り込んでいった。重傷を負いながらも退くことのない弁慶に対し、怯《ひる》んだ敵方はいっせいに遠矢《とおや》を放って対処。矢は次々と弁慶に突き立っていく。それでも、弁慶は倒れることなく戦い続け、立ったまま絶命した。世にいう「弁慶の仁王立ち」である。

中尊寺《ちゅうそんじ》の参道入り口のそばに、弁慶の墓といわれる五輪の塔が残されており、そこには「六道の道の巷に君待ちて弥陀の浄土へすぐに参らん」という彼の辞世の句が刻まれている。

史実としてはここに完結する弁慶の生涯だが、義経が衣川の戦いで生き延び、蝦夷や中国大陸へと渡ったという伝説があるのと同様に、弁慶もまた衣川の戦いでは戦死しておらず、生き延びたという伝説も数多く残されている。

たとえば、岩手県気仙《けせん》郡住田《すみた》町には、平泉を脱出した義経一行が峠を目指して登っていった時についた足跡が残されていると伝えられ、大きな足跡は弁慶のものと信じられている。また、同じ岩手県の江刺《えさし》市田原《たわら》の菅野家は、義経一行が平泉脱出後に立ち寄った家だと伝えられており、「弁慶屋敷」と呼ばれている。さらに、青森県下北郡脇野沢村には、「琵琶石」が残る。義経一行が蝦夷へと渡る前、弁慶が琵琶を演奏して渡航の安全を祈願した岩らしい。

北海道にも義経たちが無事に到着したとされる伝説がある。松前郡松前町にある海渡山阿吽《あうん》寺は、弁慶と義経が無事に渡航に成功したことを感謝し、義経が建立したといわれている寺だ。また北海道西部には弁慶崎という場所もある。

果たして、弁慶は危機を脱して逃亡に成功したのだろうか。数々の伝説に彩られ、ひたすら主君義経を守り続けた弁慶は、今も日本人から支持される源平の英雄の一人となっている。

「見るべき程の事は見つ」と自害した平知盛は伊勢に落ち延びた?

平清盛《たいらのきよもり》の息子としては、清盛に先んじて没した長子の重盛《しげもり》、清盛の死後に総大将となった宗盛《むねもり》が比較的よく知られている。『平家物語』では重盛は聖人のように、宗盛は腰抜けであるかのように描かれた。

平知盛《とももり》もまた清盛の子であり、妻・時子《ときこ》との間に宗盛の弟として生まれている。宗盛が棟梁になった後には、器量の足りないこの兄を助けて平家一門を支えた。平氏随一の知勇の将ともいわれた人物である。

生年は仁平二（一一五二）年。清盛に寵愛され、八歳にして蔵人《くろうど》となった。官位は順調に進み、従二位《じゅにい》権中納言《ごんのちゅうなごん》にまで上っている。治承四（一一八〇）年には以《もち》仁王《ひとおう》を奉じた源頼政の軍を討伐し、翌年には尾張にて新宮十郎行家《しんぐうじゅうろうゆきいえ》を打ち破り、武功を成した。

しかし、翌々年、寿永二（一一八三）年になると、木曾義仲《きそよしなか》の前に平氏は後退を余儀なくされる。そして、義仲勢が京に迫りきた際、総大将・宗盛は都落ちを決定。知盛の反対をよそに決行に移してしまうのである。

その後知盛は一ノ谷の戦いでも大手の大将として活躍したが、義経の奇襲により子の知章《ともあきら》を討ち取られたうえに敗れ、痛恨の極みを味わうこととなる。

その後、源氏方の範頼《のりより》が瀬戸内海の平氏を包囲すべく九州に進出してきた際に知盛の知略がこれを大いに苦しめた。知盛は巧みに範頼の補給路を断ち、源氏の戦略を頓挫《とんざ》させたのである。

だが、新たに頼朝の命を受け進撃してきた義経の前に敗北。元暦二（一一八五）年、知盛は平家一門とともに壇ノ浦に身を沈めることとなる。この時副将でありながら平氏軍の指揮を執っていた知盛は大型の唐舟に雑兵を乗せて囮《おとり》に使い、小舟に武将や精兵を配する策を立てていた。だが、阿波国の豪族民部太夫重能《みんぶだゆうしげよし》が寝返り、義経にその計略を知られてしまったことが大きな敗因となった。

大音声で全軍に檄《げき》を飛ばしたものの、関門海峡一帯における大海戦での敗北はほどなく決定的なものとなった。知盛は天皇の乗る船に向かい、船を掃き清めたという。その様子に女房たちが何事かと尋ねると、知盛は「もうすぐ坂東武者を見ることができる」と強烈な皮肉を浴びせている。

やがて、もはやこれまでと一門は次々に海中に身を投じ、一門の最期を見届けた知盛は、

「見るべき程の事は見つ。今は自害せん」

と、鎧二領を身に着け、海中に身を投じるのだった。

勇敢な武将であると同時に優れた才知を見せた知盛は、生死を決する場面では人の心の奥底を鋭く見通し、人知の及ばない運命の力をも感じ取っていたようである。そうしてみると迷いを断ち切った入水《じゅすい》であるように思えるが、やはり知盛も落人《おちゅうど》伝説と無縁ではない。自殺したように見せかけ、密かに伊勢へ渡ったとするものである。船江で陸に上がり、源氏の追手を逃れて前山から鷲嶺山《しゅうれいさん》を越え、矢持《やもち》の里へと落ち延びたことを記した文書が、今に伝えられている。

矢持は伊勢神宮内宮から六キロ程南の山中にある小さな谷間の村で、一帯を開墾したのは知盛であるという。藩政期頃には五つの村ができていたが、村民はすべて知盛の家臣の末裔だったという。久昌寺《きゅうしょうじ》という寺の山号は知盛山《ちせいざん》といい、地元で「とももりやま」と呼ばれていることも興味深い。

また、前山には岩屋敷という洞穴があって、平家の残党が隠れ住んだと伝えられている。さらに、鷲嶺山には「知盛の八人ごもり」という洞穴があるうえ、頂にある鷲峰観音は壇ノ浦の方角を向いて建てられ、知盛が平家の冥福を祈願して祀ったといわれている。

果たして見るべきものをすべて見た知盛は壇ノ浦で覚悟の死を遂げたのか、それともまだ見ることを見つけて伊勢に落ち延びたのか。今となっては真偽のほどはわからない。

生き延びて自分の助命に奔走した!?
未来を悲観し入水した平維盛

平維盛《たいらのこれもり》は、平氏本流の血を受け継ぐ人物だった。維盛の父親は平氏隆盛の礎となった平清盛の嫡男・重盛である。維盛もまた重盛の嫡男であったから、まさに平氏の直系の身の上だったのだ。

　こうした血統のよさに加えて、維盛は「桜梅少将《おうばいのしょうじょう》」と周囲からもてはやされるほどの美貌の持ち主として生を受けた。『平家物語絵巻』の維盛像は、瓜実顔《うりざねがお》をした色白の美青年ぶりで描かれている。皮肉屋として知られた公卿・九条兼実《くじょうかねざね》さえ維盛の容貌の美しさを称えているし、建礼門院徳子《けんれいもんいんとくこ》の女房で歌人でもある右京大夫《うきょうだいぶ》も『源氏物語』の主人公の光源氏を連想させると書き記している。

　しかし、天は二物を与えないといわれるように、こと合戦において軍勢を指揮する武将としては才能に欠けていた。平家凋落《ちょうらく》の第一歩を記したといわれている治承四（一一八〇）年の富士川の戦いでは、旗揚げしたばかりの源氏の軍勢を打ち破る総大将に任ぜられながら、大敗を喫するという屈辱にまみれている。それも、富士川の小鳥がいっせいに飛び立つ羽音を源氏の大軍による襲撃と勘違いし、平氏軍は驚いて敗走するという、面目の立たない負け方をしてしまったのだ。

　自軍の兵士たちを叱咤激励し、統制を取るのは総大将に課せられたそもそもの使命。これに失敗したということは、維盛に将才に欠けるところがあったのは明らかといえよう。

清盛から叱責を受けた維盛は、名誉挽回を図るべく、寿永二（一一八三）年に今度は北陸路へ兵を進める平氏軍の大将として、木曾義仲率いる軍勢との戦いに臨む。倶利伽羅峠《くりからとうげ》の戦いである。だが、ここでも義仲軍の巧みな夜襲によって平氏軍はもろくも敗れ去った。維盛は、平家没落の先導役とでもいうべき失態を続けて演じてしまったのである。

こうした失敗により、維盛は平氏の嫡流嫡子でありながら信頼を失い、昇進も止まった。やがて、平家一門の統帥権も叔父の宗盛に奪われていくことになったのである。

昇進が止まったのには、別の理由もあったようだ。父親の重盛は清盛の嫡子といいながらも、正室である時子の子ではなかった。そのため、維盛に対する時子の目も冷たいものだったといわれている。加えて、維盛が大恋愛の末に妻に迎えたのは、清盛を排斥しようと謀議を図った鹿ケ谷《ししがたに》事件の首謀者の一人、藤原成親《ふじわらのなりちか》の娘であることも、一族の不興を買う一因となっていた。

やがて、都落ちすることになった平氏だったが、非主流派となってしまった維盛は、主流派の宗盛や知盛らと意見の相違があったことや、京に残してきた妻と幼子のことが忘れられなかったこともあって、三人の供だけを連れて戦場から離脱してしまう。屋島の戦いの前とも、一ノ谷の戦いに敗れた後ともいわれている。

京に戻るために維盛は舟に乗って紀州（現・和歌山県）へと向かっていった。だが、武将としての後ろめたさがあったのか、それとも平氏の未来を悲観してしまったのか、京に戻ることをあきらめて那智の海に入水して世を去ったといわれている。

だが、平氏の落人伝説が数多く残る紀州方面では、維盛は那智の山里に隠れ住んで子孫も残したという隠れ里伝説が現代まで伝えられている。また、阿波国（現・徳島県）で仙人になったという登仙伝説もあるなど、維盛の最期は様々な伝説に彩られることになった。

一方、念願かなって京の都に舞い戻ったという伝説もある。妻子に会って生への執念が芽生えたのか、ここで維盛は法皇に助命を直訴したところ、法皇は源頼朝に知らせ、頼朝は維盛に鎌倉まで出向くよう求めたという。そこで鎌倉に向かったのだが、途中の相模国（現・神奈川県）のあたりで病気にかかって没したという記録も残されている。

その美貌をもてはやされた平維盛だったが、その最期は幸福なものではなかった。そしてその死に顔はどのような表情だったのかを伝える記録はない。これが美青年の最期を様々な伝説の形成へと駆りたてた原動力となったのかもしれない。

南海の大冒険！
平資盛は安徳天皇を擁して奄美大島へ渡った？

平氏の落人伝説は各地に多々残るが、その南限は奄美大島だと見られている。その南の島に海を越え、はるばる落ち延びたとされるのが、平資盛《たいらのすけもり》である。

資盛は保元三（一一五八）年、清盛の長男重盛の次男として生まれ、清盛の孫にあたる。母は藤原親方《ふじわらのちかかた》の娘で、重盛の長男維盛とは異母兄弟の関係にある。越前守、右近衛少将《うこのえしょうじょう》、右近衛権中将《うこのえごんのちゅうじょう》、蔵人頭《くろうどのとう》となり、従三位《じゅさんみ》にまで昇進した。

だが、順風は続かない。父重盛は後白河院を尊重し、鹿ヶ谷事件が起きた時にも後白河院を処罰しようとする清盛を諫《いさ》めたことで知られている。資盛の父と祖父清盛は政治的立場が食い違っていたのである。おまけに父は鹿ヶ谷事件に参画した藤原成親の妹を、兄維盛は成親の娘を妻としていたのだ。

こうした事情に加え、維盛が武将としての才覚に恵まれていなかったこともあり、直系であるにもかかわらず維盛は清盛に疎まれ、重盛の死後も清盛の後継とは

ならなかった。そして、弟である資盛もまた、維盛とともに一門のなかで孤立していくのである。

事実、資盛自身も後白河院の側に立っていた。資盛は建礼門院の女房右京大夫とのロマンスで知られるが、実は後白河院と性愛の関係にもあったらしい。一門都落ちの際にも、早々に避難した後白河院と連絡を取って都に留まろうとしている。しかし、後白河院を頼ることがかなわず、泣く泣く京を離れたのである。

その後、資盛は源氏との和平を唱え続けたが、平氏主流を成すのは主戦論派であり、受け入れられるはずもなかった。一族が大宰府から屋島へ移動した頃、兄維盛は脱走、那智に消えた。資盛の立場はますます悪くなるが、それでも一門と運命をともにして壇ノ浦の海に散った。

ただし、これは『平家物語』が描いた資盛の最期であって、先に挙げたように、大宰府から屋島へ向かう一門と離れ、奄美大島まで落ち延びたとする伝承もある。

そして、この奄美大島へと至ったとする道程は、屋島の戦いの後に始まっている。知将知盛の策により、安徳天皇を擁して資盛以下、千五百人余が別行動を取ったというのだ。維盛が脱走した後ゆえに、正系を継ぐ資盛が正三位左大将、征夷大将軍《せいいたいしょうぐん》に任ぜられ、本隊と離れて豊後水道を南へ向かった。壇ノ浦に沈んだ安徳天皇は身代わりで、平氏の窮地をくぐり抜けるため、本物には護衛をつけて別方向へ向かわせたということである。

かつて、平氏全盛の時代、資盛は「殿下乗合《でんかのりあい》」事件に巻き込まれ散々な目に遭っている。これは資盛が時の摂政藤原基房《もとふさ》の行列と出会った際、下馬しなかったことを咎められ、馬から引きずり下ろされた事件だ。これは重盛が激怒して基房に仕返しをしたというが、資盛は何もできない、いわばお坊っちゃんであった。そんな彼が平家の運命を握り、一行を率いたのである。まさに大冒険であったといえよう。

資盛一行は源氏につこうとする九州の武士たちが気勢を上げるなか、志布志湾にたどり着き、肝属《きもつき》一族の好意を受ける。それから大隈半島の南岸を進み、苦難の果てに大泊へ着いた。さすがに脱落する者が続出し、その時点で三百名足らずになっていたという。

次に行き着いたのが鬼界ケ島《きかいがしま》。だが、この島は硫黄の臭気漂う火山島であり、硫黄島とも呼ばれる不毛の地だった。

そこで資盛は、幼い安徳天皇は大隈半島の牛根麓《うしねふもと》に送り、肝属氏に庇護を求めることにする。そして、資盛は数名の一門の者とともに奄美大島へ渡ったという。奄美大島には資盛の墓、資盛を祀る大屯《おおちょん》神社が残っている。

壇ノ浦の後、恋人だった右京大夫は資盛の菩提を弔《とむら》った。奄美大島まで落ち延びた可能性があることなど、よもや思いつきもしなかっただろう。睦まじい関係にあったともいう後白河院の胸中にいたっては、推測することも難しい。

安徳天皇は壇ノ浦の海底に沈んではいなかった⁉

『平家物語』が今も人の心を惹きつけてやまないのは、武家政権草創期の牽引役となった栄華の時代と、源氏との合戦に敗れてはかなく歴史から消えていった悲劇の時代との対比が鮮やかな点にある。

最後の戦いとなった元暦元（一一八五）年三月の壇ノ浦の戦いでは、平氏の武将たちだけではなく、その妻や女官など、平家一門に連なる弱い立場の人々も運命をともにしていった。生きて源氏に捕えられるよりは、死をともにしたほうが美しい生き様だと考える美学に則《のっと》った行動である。極めて日本人的な発想であることから、永らく日本人の共感を呼ぶ一因となっているのかもしれない。

こうした平家一門と運命をともにした天皇が、安徳天皇《あんとくてんのう》である。わずか八歳の幼帝だった安徳天皇だが、祖母二位尼《にいのあま》（時子）とともに壇ノ浦の海に身を投じ、その短い生涯を閉じたといわれている。

そんな悲劇的な最期を遂げた安徳天皇は、平清盛が保元の乱、平治の乱を通じて得た権力を、より強固なものとするために必要とされた存在だった。安徳の父親は高倉天皇、母親は清盛の娘・徳子。つまり、安徳の誕生は清盛が念願としていた朝廷との血縁関係が生まれたことを意味していた。

清盛はさっそく高倉天皇を譲位させ、わずか三歳にして安徳天皇を即位させている。これで平氏の体制は盤石なものとなり、安徳自身の人生も華やかなものになると誰もが信じて疑わなかった。

ところが、安徳天皇が即位した治承四（一一八〇）年は、平氏打倒を旗印に源氏が各地で反撃の狼煙《のろし》をあげ始めた年でもあった。さらに、翌治承五（一一八一）年には、総帥の清盛が病で没したのをきっかけに、反平家の気運はさらに高まっていき、安徳天皇の身にも不吉な影が忍び寄ってくる。

寿永二（一一八三）年には、木曾義仲が軍勢を率いて京の都へと進攻。平家一門は都落ちの憂き目に遭う。この時、平氏の正当性を示すために、安徳天皇は西へと落ち延びていった一門と行動をともにすることになった。その後平氏は、得意の海戦で失地回復を図ろうとしたものの、壇ノ浦の戦いに敗れ、安徳天皇も滅びゆく平氏と運命をともにする結果となったのである。

だがわずか八歳の安徳天皇に、すべての事情を理解するのは無理なこと。清盛の妻である二位尼は、もはやこれまでと悟り、朝廷から安徳とともに持ち出した三種の神器のうち、神璽《しんじ》（曲玉《まがたま》）を脇に抱え、宝剣を腰に差して天皇を抱いて海中へと身を投げようとした。その時、安徳天皇は「私をどこに連れていくのか」と無邪気に尋ねたという。この問いに対して、二位尼は極楽浄土にお連れするとしたうえで、波の下にも都があると言い含めて安徳天皇とともに海の藻屑《もくず》となって消えたと言い伝えられている。

しかし、その一方で安徳天皇は落ち延びたとする説も根強く残っており、日本の各地に伝説として言い伝えられている。

たとえば、清盛の命によって僧の俊寛が流された島とされる鬼界ヶ島（現・硫黄島）では、安徳天皇が逃げ延びてきたと信じられており、この島で六十六歳まで生きたという伝説が伝わっている。天皇の子孫だと称する家もあり、この家では安徳天皇は実は壇ノ浦の戦いの前に勃発した屋島の戦いの際、すでに平家の主力軍から離れて鬼界ヶ島に逃げており、壇ノ浦で入水したのは替え玉だったというのだ。

また対馬には明治時代までこの地を統治した宗家という一族がある。実はこの宗家の始祖こそ、壇ノ浦から逃げおおせた安徳天皇であり、彼は七十三歳まで生きたという伝説が残っている。

ところで、伝説上の安徳天皇はいずれも当時としては長寿というべき年齢である。幼なくして命を絶たれた天皇に対する人々の同情の念が、彼を生き延びさせ、長寿というべき年齢まで命を永らえさせたのかもしれない。

保元の乱に敗れて流刑となった崇徳上皇がかけた恐るべき呪いとは？

源氏と平氏という、武士が台頭し始めた頃の二大勢力が入り乱れて骨肉の争いを演じた戦いが、保元元（一一五六）年に起こった保元の乱だ。武家時代の幕開けを告げる戦いという評価を与えられるが、そのきっかけをたどっていくと朝廷における人間関係の対立に突き当たる。その主人公ともいえる役割を演じたのが崇徳上皇《すとくじょうこう》だ。この崇徳上皇、鳥羽天皇《とばてんのう》の第一皇子として、鳥羽と中宮璋子《しょうし》との間に生まれたと公式にはいわれている。だが、実は鳥羽天皇の祖父白河院《しらかわいん》が中宮璋子に産ませた子というのが真実だったようだ。つまり、祖父と母との間に生まれたという複雑な身の上の持ち主といえる。

当然、名目上の父親でしかない鳥羽天皇にとって、崇徳は面白くない存在となった。鳥羽上皇は崇徳天皇を「叔父子《おじご》」と呼んで疎み続けたという。父・白河上皇の意向もあって、自らが皇位から退いた際には崇徳を天皇の座に即位させたものの、白河院が死んで鳥羽院政の時代が到来すると、崇徳とは異母弟にあたる近衛天皇に譲位させ、崇徳を上皇の地位に追いやってしまった。さらに、近衛天皇が弱冠十七歳で没すると、今度は鳥羽自身と中宮璋子の間の子供である後白河を天皇の座に就けたのだ。

自らの直系を天皇の地位に就けることができなかった崇徳上皇にとって、後白河天皇の誕生は、自分が今後、政治の表舞台から疎外され、不遇の時代を迎えることを意味していた。そこで、彼は同じ頃、関白である藤原忠通《ふじわらのただみち》と対立して不遇をかこっていた、その弟・左大臣藤原頼長《ふじわらのよりなが》に接近。鳥羽院の逝去をきっかけとして、自分を支持する武士を味方につけ、挙兵したのが保元の乱だったのである。

やがて、戦いは平清盛を中心とした後白河天皇方の勝利と終わるのだが、その結果、崇徳上皇には讃岐（現・香川県）への遠流《おんる》という処分が下されることとなった。死罪に処分された者がいたことを考えると、この決定は寛大なものに感じるかもしれない。しかし、京の雅な生活しか知らない崇徳上皇にとっては、苛酷な処分と映った。ましてや、崇徳以前の歴代天皇在位者のなかで、配流《はいる》という処置は、道鏡《どうきょう》を寵愛する孝謙上皇《こうけんじょうこう》を諌め、怒りを買った淳仁天皇《じゅんにんてんのう》が孝謙上皇によって追いやられたことが一例あるだけだったのだ。崇徳上皇が重い処分だと感じても無理はないといえよう。

そのうえ、崇徳は剃髪して出家までし、謹慎の意を表していた。二度と朝廷で権力を望むことはしないという証を示していたのである。

その願いも空しく、崇徳上皇は瀬戸内海に浮かぶ小島の家に幽閉されてしまった。それでも、鳥羽上皇の菩提を弔うことを目的に三年の歳月を費やして写経を行い、これを鳥羽が眠る京都の安楽寺院に納めてほしいと願い出る。

しかし、後白河は崇徳の帰京を許すどころか、写経を京の都に入れさせることさえ禁じた。写経に不吉な呪術がかけられていたら大変だという寵臣藤原信西《ふじわらのしんぜい》の意見を受け入れたのである。

決定を聞いた崇徳は怒り狂う。経を写し終えたことによって得た功徳の力を、朝廷へ怨念をかける力へと還流させようと企てる復讐の鬼と化した。『保元物語』には、天狗になり、自分を追いやった者への怨念を燃やそうとしたと記されている。

怨念が世の中に災禍をもたらすものかどうかについては、科学が発達した現代においても実証されたことはない。しかし、崇徳の死後、朝廷には様々な災禍が襲いかかることとなる。

まず、九条御所が炎上し、突発的暴風が吹き荒れ、京の家屋が多数倒壊。朝廷や公卿の関連施設や自宅が次々と謎の出火に見舞われ、大混乱をきたした。さらに、二条天皇が若くして死去し、ひいては後白河が建久三（一一九二）年に病に倒れる事態となる。人々はこれら数々の不幸な出来事は崇徳の怨念によるものだと噂するようになった。朝廷もこれらの災害は崇徳の怨念によるものだと考え、慌てて崇徳が没した四国に、霊を慰める寺院を建立寄進して崇徳の怒りを鎮めようとしたほどだった。

実際に崇徳上皇が天狗にその姿を変えることができたのかは定かではない。しかし、世の人々がこれほど彼の霊を恐れたとなると、長寛二（一一六四）年に四十五歳で没するまで、怨念を抱き続けたのは間違いないだろう。

北関東に残る埋蔵金伝説！ 奥州藤原氏へと牛若丸を導いた金売り吉次の後半生とは⁉

源義経が彗星のごとく世に登場し、疾風のごとく世を駆け抜けていった背景をたどっていくと、後ろ盾となった一人の人物を見逃すことができない。その人物とは奥州藤原氏の総帥・藤原秀衡である。

藤原秀衡は、京の鞍馬寺に預けられいつ僧にさせられるかと戦々恐々《せんせんきょうきょう》としていた義経を、武将として成長するよう奥州に招いたといわれる。さらに、義経が平氏打倒の殊勲者でありながら、源頼朝から追討の対象とされると、追手から逃れて落ち延びてきた義経をかくまい、保護した人物でもある。

だが、当時の日本において辺境の地ともいえる奥州に君臨していた藤原秀衡が、平氏に厳しく監視されていたはずの源義経をなぜ引き取ることができたのか。素朴な疑問を感じる人もいるのではないだろうか。その答えは、藤原秀衡と義経の間を取りもった一人の商人が鍵となる。その商人の名は通称「金売り吉次《きちじ》」という。『義経記』によると、この金売り吉次が鞍馬寺に源氏嫡流の一人遮那王《しゃなおう》（義経）がいることを発見し、これで一儲けしようと企んだのが始まりだとされている。言葉巧みに遮那王に声をかけた吉次は、遮那王を伴って奥州平泉の藤原秀衡のもとへと下っていった。ここで、吉次は、遮那王をより高く売りつけようと画策。途中近江国鏡宿で元服した義経をひとかどの人物であると藤原秀衡に伝えると、秀衡は三百騎を義経のもとに送りつけて仰々しく出迎えする儀式を取りはからった。こうして、金売り吉次の策略は成功し、義経を迎えたことを喜んだ藤原秀衡から、砂金をはじめとする数多くの褒美を与えられた。これを京に持ち帰り売りさばいたことで、金売り吉次は大儲けをしたというのである。

だが、この物語に関しては多くの謎が残されているのも事実だ。なぜ藤原秀衡が多額の褒美を与えてまで源義経の獲得を欲したのか、義経の評判をどうやって入手したのかなどいろいろあるが、最大の謎は金売り吉次はどんな人物だったのかということだ。

確かに、当時の書物は源義経と藤原秀衡の間を取りもった商人がいたことを記してはいる。だが、その商人の名前や素性が微妙に異なっているのだ。『義経記』では毎年奥州へ下っていた京都三条の商人吉次信高となっているが、『源平盛衰記《げんぺいじょうすいき》』では京都五条の橘次末春とされている。ほかにも、吉次は砂金商人ではなく、奥州生まれの炭焼藤太《すみやきとうた》の息子であるという伝説や、金の鉱山で働いていた鉱山師である金掘り吉次など、様々な名前と素性が語られている。なかには、のちに義経に仕えた堀弥太郎景光《ほりやたろうかげみつ》が金売り吉次の後身であるとする説もある。この景光は文治二（一一八六）年に逮捕され、義経の情報を白状した人物である。

このように、多くの金売り吉次像が伝説として残されていることから、それに付随する伝説も生まれている。なかでも、興味深いのは、奥州が奈良の大仏の黄金を産出した「黄金の国」として知られていること、吉次が砂金商人で大儲けしたことから派生したと思われる埋蔵金伝説である。

それによると、吉次が義経の供をして現在の栃木県足利市あたりを通りかかった時のことだ。ここで吉次は急病になって瀕死の状態に陥ってしまう。ちょうど奥州から金を運んでいた途中であり、吉次は用心のために金を埋めておいたというのだ。そして、「東に向いて日の当たるところ」という遺言を残して死んでいったという。

この埋蔵金のある場所は吉次塚となって後世に伝えられていった。その場所は足利市の久保田町という場所にあり、周囲約九十センチ、高さ約五メートルの塔だったといわれているが、残念なことに現在ではそれがどこなのか見当たらないという。

また、金を元手に大儲けしたという吉次の屋敷や別荘が、東北地方各地に残されているといわれているが、本当に吉次の屋敷だったのかも確認されてはいない。素性や活躍ぶりがはっきりとしないことで、金売り吉次の人物像はどんどんと膨らんでいったのだろう。

奇略の陰に天狗あり⁉
義経に兵法を教えた天狗はその後どうなった？

それまでの常識を破る奇想天外な戦術を駆使して、平氏の軍を翻弄し続けた源義経は、のちに兄の頼朝に警戒されて追討されるという悲劇的な運命をたどる。だが、富と権力には無縁なままの一生を送り、純粋に平氏を打倒することだけに燃焼した義経の生きざまは、時代を超えて人々の共感を集めてきた。そのため、義経にまつわるいろいろな伝説が生まれ、現在まで語り継がれることになっている。

なかには彼の戦術と同じように、奇想天外な話も少なくない。義経がまだ京に雌《し》伏《ふく》している段階で、兵法を天狗から学んだという話も、そんな伝説に属するものかもしれない。

常盤御前《ときわごぜん》が産み落とし、牛若と名づけられた時代、父親の義朝が平治の乱で敗れたために、この牛若も処刑される運命に陥っている。だが、常盤御前が平清盛の妾になることを条件として、牛若は命を救われる。そして、僧となることを義務づけられた牛若は、七歳の時に京の鞍馬山へとのぼり、禅林坊《ぜんりんぼう》阿闍梨《あじゃり》覚日《かくじつ》に預けられるが、この頃から遮那王と名乗るようになった。十一歳に達した頃、遮那王は自身の家系図を見たところ、自分が清和源氏の嫡流、源義朝の末子であることを知る。これをきっかけとして、遮那王は死んだ父義朝の遺志を継ぎ、京の都で全盛期を迎えていた平氏打倒を決心したとされている。以後、遮那王は昼は学問にいそしみながら夜は武芸の訓練に励む。この時、遮那王に兵法の奥義を授けたのが天狗だというのだ。

鞍馬山の奥には、僧正ヶ谷《そうじょうがたに》と呼ばれる場所があった。鞍馬では天狗たちの親玉である大天狗を僧正坊と呼んでいた。つまり、僧正ヶ谷とは天狗の棲む場所だといわれていたのである。その僧正ヶ谷は鞍馬山の西北に位置する奥深い場所で、以前から山岳信仰者たちの修行の場として利用され、こうした山岳宗教の修験道では、天狗は信仰の対象とされていた。

ここで遮那王は夜毎に天狗から兵法を学び、剣を学んでいく。『義経記』では、夜な夜な遮那王は僧正ヶ谷にある貴船明神に参詣し、それから四方の草木を平家一門に見立てて切り倒す練習を重ねたと図解入りで紹介している。なかでも、二本の大木は清盛と重盛と名づけられ、標的の最上位において打ち据えていったという。

やがて、修行を重ねた遮那王は天狗の教える兵法をすべて会得する。これが別れの時となった。大天狗は実戦となる合戦に遮那王が臨む際には影となって助力することを約束して飛び去っていったというのが、源義経の幼い頃を紹介する天狗との関わりである。

こういった逸話が登場するのは『義経記』や『源平盛衰記』といった軍記文学に限られ、これらは正しい歴史を伝えているわけでは決してないので、すべてを信じることはできない。

しかし、右に述べたように天狗の存在が深く修験道と結びついているのであれば、天狗というのは実は修験者たちであったのかもしれない。こうした人々が遮那王に兵法や剣術を教え、天狗伝説になっていったのだろうか。

また、修験者たちは広く日本の山々に分布していたから、山越えを強行し、鵯越の奇襲に至る一ノ谷の戦いなどにおいて義経の奇略に協力していたとしたら、より真実味を帯びてくる。遮那王のもとを去る時に天狗が残した言葉もあながち虚構ではないのかもしれない。

宇治の戦いで敗死した以仁王
実はあの観光地へ落ち延びていた？

源平の対立は、平治の乱において平清盛が源義朝を下したことにより、一時的には平氏の圧倒的な勝利で終わる。だが、のちに源氏が息を吹き返し、最終的には平氏の滅亡をもって戦乱が終結する結末に終わったのは歴史が語る通りである。

一時は滅亡の淵にまで追いつめられた源氏が、息を吹き返すことができたのは、各地の豪族たちが平氏に対する不満を溜めていた時期に、平氏打倒のきっかけを諸国の源氏に与えた人物がいたからだ。そんな平氏打倒最初の殊勲者といってもいい人物が以仁王《もちひとおう》だ。

以仁王は後白河天皇の第三皇子として仁平元（一一五一）年に生まれたが、兄の守覚法親王《しゅかくほっしんのう》が早くに出家したため、一般的には第二皇子として認められていた。以仁王も幼くして天台座主である最雲《さいうん》の弟子となったものの、師がこの世を去ったことを契機として出家はせずに寺を出ている。つまり、皇位継承者としての資格は失うことはなく、なおかつ有力候補者として存在していたのだった。

頭脳明晰で皇位継承を望む気持ちも強い以仁王だったが、皇位に就くためには障害を抱えていた。その血筋である。

以仁王の母親は藤原季成《ふじわらのすえなり》の娘である成子。だが、成子の父・藤原季成は藤原家に属するとはいっても、有力な血筋となる摂関家とは遠い関係にあった。

これに加え、時代は平清盛が武士の頂点へと登りつめ、さらに地盤を強固なものにしようと朝廷への接近を図っていた頃である。権力を手中にせんとする清盛は、妻の妹である滋子《しげこ》を後白河法皇と結びつけ、以仁王の異母弟にあたる憲仁《のりひと》親王を産ませていた。

やがて、その異母弟・憲仁親王が高倉天皇として即位し、さらに清盛の娘徳子との間に皇子を授かるに至る。

そして翌治承四（一一八〇）年、高倉天皇と徳子との間に生まれていた皇子が、安徳天皇として即位することが正式に決定したことで、以仁王の希望は絶たれることとなった。望んで久しい皇位の座を、異母弟、さらにはその子供に奪われてしまったのである。

そんな以仁王のもとに、源頼政が近づき、平氏打倒計画を持ちこんだ。平氏が倒れることになれば、自分が皇位に就く可能性が高くなる。そう判断した以仁王は、

諸国に平氏追討の令旨を発した。

だが、諸国の源氏が京に結集する前に、計画は清盛の知るところとなる。すぐに、源頼政と以仁王討伐の命令が下り、二人は手近の兵を結集して抵抗したものの敗れてしまう。平知盛らに率いられた一軍が追討にやってきた。いったん園城寺《おんじょうじ》に逃れた王は乱に協力する南都奈良を目指して逃亡を決行する。しかし、宇治まで来たところで王は追手の放った矢を受け、落馬。首を討たれてこの世を去ることになった。以仁王三十歳の最期である。

ところでこの時、以仁王の意外な欠点が明らかとなっている。王は園城寺から奈良へ向かおうとしたわけだが、最期の地となった宇治に至るまでに、実に七回も落馬しているのだ。どうも以仁王は馬に乗れなかったようで、結局彼は奈良にたどり着くことができずに命を落とすのである。

こうして失敗に終わった以仁王の挙兵であったが、世の中に与えた衝撃は大きかった。乱後間もない頃から、以仁王は戦いでは死んではおらず、どこかで生き延びているとする説が方々で噂されていたのだ。首は検分されたものの、以仁王の顔を知る人が少なく、自信をもって検分できる人物がいなかったことも影響していよう。

以仁王が生き延びたとする噂にまつわる伝説は、日本各地で伝えられている。たとえば、ミズバショウで有名な群馬県の尾瀬。この尾瀬という名称は、以仁王の侍臣であった尾瀬中納言頼実《おぜちゅうなごんよりざね》の名前に因んだものといわれている。頼実は以仁王らとともにこの地まで落ち延びたものの、ここで病没したといわれているのだ。湿原のなかに尾瀬塚が今も残されているが、地元ではこれが頼実の墓だといわれている。

以仁王が尾瀬から日光へと逃げ延びたという伝説もある。南会津郡下郷町に建つ高倉神社は、ある人物がこの地に逃れてきた以仁王を討とうとした際、雷鳴が急に鳴り響いたのは以仁王を討つことを禁じているからだと思い断念し、反対に王を祀った神社を建立したという言い伝えがある。さらに、新潟県の南蒲原郡下田村という場所にも、この村に暮らす椿家という一族は、以仁王と行動をともにした源氏一族の末裔にあたるという以仁王の伝説が残る。

皇位を望んで果たすことができなかった以仁王が、平氏の追っ手たちから逃れることができたのかどうかはあくまで伝説の域を出ない。だが、以仁王が起こした行動が、平氏全盛の時代に待ったをかける出来事となったことだけは事実である。

頼朝に挙兵を促した文覚は、亡霊となって承久の乱を引き起こした!?

日本の歴史を振り返ってみると、時代の転換点となる事件などの背景に僧侶が深く関係していることが少なくない。一度は平氏に敗れて家そのものが風前の灯火となった源氏が、頼朝を中心に勢力を取り戻すことになった背景にも、一人の僧が関係していたといわれている。それが真言宗の僧・文覚《もんがく》である。

文覚がその名を歴史に刻むことになったのは、伊豆に流罪とされていた源頼朝に対面し、平氏追討の挙兵を促した功績が挙げられる。この時、文覚は頼朝を説得するため、頼朝の亡き父である義朝のものだという髑髏《どくろ》を見せ決起を促したという。

こうした行動に見られるように、この文覚という僧、なかなか破天荒で直情型の性格の持ち主だったようだ。そもそも、文覚自身が伊豆にいたのは、彼にもまた伊豆へ配流という処置が下されていたためだった。その理由も、後白河法皇が遊んでいる宴の場所に乗りこみ、神護寺再興を促す勧進帳を読み上げ、院の怒りを買っていたというもので、その激しい性格がうかがえよう。

さらに遡って僧になった経緯自体も興味深い。文覚がまだ遠藤盛遠《えんどうもりとお》という名の北面の武士だった頃、彼は人妻の袈裟御前《けさごぜん》に恋をした。想いを遂げようと迫る盛遠に対し、その袈裟御前は夫を殺害してくれたら妻になると告げる。そして、彼女は自分自身が男装をして夫を殺しに来る盛遠を待った。そうとは知らず盛遠は男装の袈裟御前を殺害してしまうという、あまりに悲劇的な事件を起こしている。その後、文覚は袈裟御前の菩提を弔うために十八歳で出家。荒行を重ねて霊感の強い験者と呼ばれるようになったのである。

やがて鎌倉に武家政権を樹立した頼朝は、当初、伊豆時代の関係者を重用した。文覚も例外ではなく、頼朝の厚い信任のもと護持僧という役割を与えられる。これは頼朝の身体の近くで祈禱して安泰を祈る僧のことで、いかに頼朝から信頼を寄せられていたかが類推できよう。同時に、鎌倉と京都を何度も往復し、情勢を頼朝に伝える役目を負ったり、東寺の修造活動を行うなど、精力的な働きをしている。

そんな文覚だったが、頼朝の死を境として、没落の運命が舞い降りる。文覚自身の生来の激しい性格が現れて、無謀な画策をしてしまったことがそのきっかけであった。

文覚が画策したのは、後鳥羽天皇を皇位から引きずりおろし、高倉天皇の第二皇子で壇ノ浦で没した安徳天皇の弟である守貞《もりさだ》親王を、新たな天皇にしようというものだった。その理由というのが、後鳥羽天皇が遊芸ばかりに熱心で、政治に本腰を入れないというもの。いかにも直情型の文覚ならではの理由である。

その後、いったんは許されて京に戻ったものの、再び流刑を言い渡された文覚は、配流先に向かう途中六十六歳の生涯を閉じる。

だが彼の物語はこれで終わらない。文覚は死後も亡霊となって暴れ続ける。高弟・明恵《みょうえ》の枕元に現れ、後鳥羽上皇を罵ったかと思えば、承久の乱まで引き起こしたという。さらに『平家物語』においてはこの乱に敗れ壱岐へと流された上皇の枕元にまで現れて暴れたとされる。

どんな権力者であろうと、気に入らなければ、ひるむことなく喧嘩をふっかけた文覚。まさに怖いものなしの生涯、そしてその後である。

◆コラム◆
瀬戸内海の海賊を追討し、地名にその名を残した平清盛の父忠盛

平忠盛《ただもり》は伊勢平氏中興の祖とされる平正《まさ》盛《もり》の子である。父正盛は白河院に重用され、平氏興隆の端緒を開いた。跡を継いだ忠盛も白河院から変わらず手厚い処遇を受け、平氏の勢力をさらに強めていくことになる。

次にこれを継いだのが清盛であった。だが、実の父子ではなく、清盛は白河院の御落胤《らくいん》で、産んだのは愛妾の祇園女御《ぎおんのにょうご》。忠盛は身重の祇園女御を賜ったのだという噂が絶えずつきまとった。白河院の機嫌を損じたくない忠盛は、男子なら自分が育てて跡継ぎとし、女子なら皇女とするという取り決めを飲んだ。やがて約束通り清盛を後継とするわけだが、平氏の血を引いていないという噂は一門のなかに軋轢《あつれき》を生む火種となる。

さて、忠盛の時代に話を戻そう。忠盛は検非違使《けびいし》、左衛門尉《さえもんのじょう》を務めて従五位下に進み、白河上皇に重用されて院判官代に、さらに鳥羽法皇の信頼を得て正四位下、院別当となった。北面の武士を統率する地位も獲得し、越前、備前、美作《みまさか》、播磨守を歴任するとともに日宋貿易も行って富を蓄えていったところを見ると、なかなかの政治手腕の持ち主だったといえよう。

その一方で、忠盛は数度にわたり瀬戸内海の海賊を追捕《ついぶ》しては武名を上げているから、知勇に優れた人物であったといえよう。

長承元（一一三二）年には、三十六歳にして内裏への昇殿を許された。海賊鎮圧の功、そして鳥羽法皇に得長寿院千体観音堂を造勧した功を認められたためといわれる。こうした華々しい昇進をねたむ公卿

たちもあったようで、この頃、殿上闇討の暗殺未遂事件まで起きている。

忠盛が瀬戸内海で活躍したことは、現在まで受け継がれた地名に偲ぶことができる。広島県竹原市にある忠海《ただのうみ》という地名で、JR呉線には忠海という駅もある。

繰り返し海賊を追捕した忠盛は、その褒美として一帯の地を賜った。これを祝して当地の人々が「乃美の浦」を「忠乃美の浦」と改称したといわれるが、忠盛が自ら名前の一字を冠したとする説もある。やがて「乃美」が「海」となり、「忠海の浦」と変わっていったらしい。

家督を継いだ清盛も、厳島詣などの折には忠海の東端にある二窓浦の入り江を利用していた。山裾には清盛が彫ったともいわれる地蔵石仏が残っている。

忠盛の名からとった忠海という地名が源氏の時代になっても改称されなかったのは、平氏の確固たる地盤が築かれていたからであろう。土地の豪族との交流が深まるとともに臣従する者が増え、平氏滅亡後も地元の人々の心情が変わることはなかったようだ。さらに南北朝、戦国時代、江戸時代を経ても、忠海の地名は生き残った。

白河上皇、鳥羽法皇、崇徳天皇に仕え、平氏繁栄の基盤を築いた忠盛は、優れた武将にして世渡りがうまく、歌道にも通じ、人情に厚いところもあったという。

仁平三(一一五三)年、五十八歳で死去した時には、彼が蓄えてきた莫大な富が驚嘆の的となったと伝えられる。この後の平氏全盛時代の実現に、この財産が果たした役割も大きいことだろう。

第二章

武士なら潔く!?
あの人の壮絶な死に際

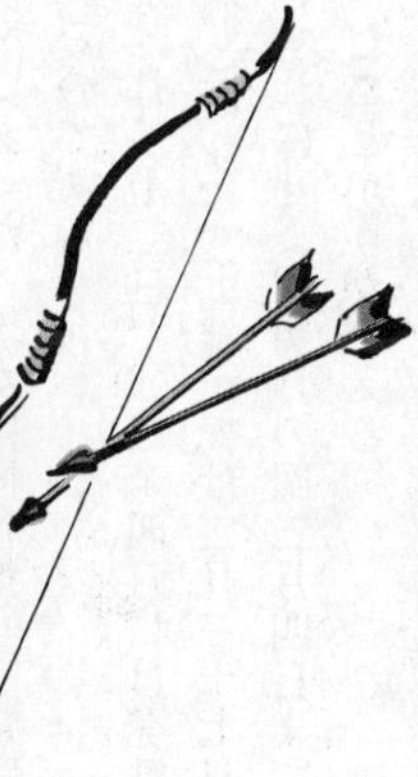

大仏に祟られた⁉ 水風呂が沸騰するほどの高熱に倒れた平清盛

平清盛《たいらのきよもり》の波瀾に満ちた生涯は、養和元（一一八一）年閏二月四日、六十四歳で幕を閉じた。歴史を概観すれば貴族政治から武家政治への大変革を推し進める偉業を成したといえるが、清盛本人にしてみれば志半ばにして迎えた無念の死である。

福原遷都は反感を買い、内乱の鎮圧もままならない。この年の正月には平氏に従順だった高倉天皇《たかくらてんのう》が、二十一歳の若さで崩御している。清盛が目指した平氏末代までの繁栄を約束する盤石の体制とはほど遠い状況にあった。次々に押し寄せる難題への対応に迫られるなか、清盛は突然病に倒れるのである。

『養和元年記』によると、頭痛を発症したのが二月二十二日で、二十四日には発熱したという。『吾妻鏡《あづまかがみ》』には二月二十五日の発病とあり、『玉葉《ぎょくよう》』では二月二十七日に初めて頭痛を起こしたことに触れている。いずれにせよ、翌月の閏二月四日まで一週間から十日程度しかなく、まさに急死だったことがうかがえる。

清盛は大変な高熱を出した。『平家物語』に記された症状の激しさは並大抵のもの

ではない。比叡山《ひえいざん》の井戸水を石の水槽に張って水風呂に浸かったところ、水が熱で沸騰してしまったというのだ。

清盛が発熱に悶え苦しむなか、妻の時子は、閻魔《えんま》庁の使者が間断なく苦しみを受ける無間《むげん》地獄へ夫を迎えるために訪れる夢を見たという。

そして、臨終を迎えた清盛は「追悼供養の必要はない。頼朝《よりとも》の首を墓前に供えることこそ最高の供養だ」と言い残し、悶死したといわれる。

ただし、このすさまじい最期の様子は、仏罰による死だということを強調する狙いがあったと見られている。悪行を重ねた清盛が現世に執着したまま、罪深く死んでいったというわけである。

源氏の時代に語られた『平家物語』では、清盛は悪行に悪行を重ねた末に滅びたように描かれた。当然その原型とされる『養和元年記』にも同じような悶死の描写が見られる。さらに九条兼実《くじょうかねざね》の日記である『玉葉』でも、清盛の勝ち得た比類ない栄光を挙げつつ、悪行を非難しており、戦で討ち死にするべき運命にもかかわらず病死したことを「神罰・冥罰の条、新たに以て知るべし」と記している。こうして見ると、罰・悪行といった形容ばかりが目につくが、これには、清盛が死の数か月前に行った南都《なんと》焼き討ちの影響が強い。清盛は、反平氏の寺社勢力を一掃すべく、興福寺《こうふくじ》・三井寺《みいでら》などを攻撃。この際、興福寺に放った火が各地に飛び火し、南都を広範囲にわたって焼き尽くす大惨事へと発展していたのだ。神仏への信仰篤い当時のこと、清盛の死が神罰と決め付けられてしまうのも無理はなかった。

では、現実的には何が死因だったのかというと、古くから唱えられているのがマラリア説である。蚊が媒介するマラリアは「おこり」「わらわやみ」と呼ばれ、古来から日本にあった伝染病だ。マラリア原虫が赤血球の中に寄生し、十日から数週間の潜伏期間の後、突然寒気や高熱が出る。頭痛、手足の痛みなどを伴い、大量に発汗して熱が収まるが、数日後に再び同様の激しい症状が表れ、衰弱していく病気だ。

一方、二月という時期からいって、インフルエンザまたは風邪をこじらせ、肺炎を起こしたとする説もある。六十四歳という年齢は平均寿命の延びた現代とは違い、当時にしてみればかなりの高齢である。休む間もなく敵と争ってきた長年の負担が積み重なり、さすがの清盛も体力が落ちていたのであろう。

こうした様子を見た当時の信心深い人々は、宗教的な聖地であった南都・奈良を焼き討ちにした清盛の所業を、因果応報の考えからその死と結び付けていったのである。

源氏の棟梁も丸腰では勝てず！
雪中行軍を終え、ほっと一息入浴中に暗殺された源義朝

源義朝《みなもとのよしとも》といえば、頼朝、義経《よしつね》兄弟の父にして平治の乱を起こした武将である。

保安四（一一二三）年に源為義《ためよし》の長男に生まれ、父が京で中央権門の傭兵として活躍する間、父祖から受け継いだ相模国鎌倉で育てられた。源氏譜代の家人を名乗る豪族たちを従え、二十歳前後まで南関東で勢力をふるったと伝えられる。

その後、京に上って下野守《しもつけ》となり、為義の隠居によって源氏の棟梁となったが、ほどなくして世の辛酸をなめることになる。保元元（一一五六）年の保元の乱で平清盛と同じく後白河天皇方《ごしらかわてんのう》について戦い、崇徳上皇方につき敗れた、父の為義や弟らを斬る羽目になったのである。

だがめざましい活躍と肉親を失った悲しみの対価として与えられた恩賞は、あまりにも少ないものであった。誰よりも大きな犠牲を払った義朝には、清盛よりも低い官位しか与えられなかったのだ。これが義朝の胸に深い遺恨を宿すことになった。

義朝に激しい不満を抱かせた賞罰を決めたのは、後白河天皇の信任の厚い信西《しんぜい》である。義朝の怒りは当然この人物に向けられた。やがて、この信西と清盛が組んだことから、義朝と清盛の関係も悪化し、平治元（一一五九）年十二月の平治の乱へとつながっていくのである。

藤原信頼《ふじわらののぶより》とともに挙兵した義朝は、真っ先に信西の首を取り、恨みを晴らす。そして、速やかに後白河上皇を内裏へ移し、いったんはクーデターに成功したかに見えた。しかし、熊野から急遽戻った清盛の反撃に遭い、敗走を余儀なくされる。

源氏の本拠である東国を目指した義朝は、近江で郎党たちを解散させ、吹雪のなか伊吹山麓を美濃へ向かった。義朝に続いたのは、長男・悪源太義平《あくげんたよしひら》、次男・朝長《ともなが》、初陣となる三男・頼朝のほか、腹心の鎌田政家《かまたまさいえ》らである。その途中、年少の頼朝は後《おく》れをとって一行とはぐれ、やがて平氏に捕えられることとなる。

ようやく美濃国青墓《あおはか》に着くと、義朝は長男の義平を飛騨方面へ行かせた。次男の朝長は信濃方面へと逃がそうとするが、少し前に武者狩りに遭って深手を負い、もはや動けない状態にあったため、朝長は自ら死を選び、父の手であの世へ送り出された。

さらに苦しい旅が続き、義朝は舟で尾張国知多の野間へと向かうことにする。そこには義朝の家臣にして、鎌田政家の舅でもある長田庄司忠致《おさだしょうじただむね》がいたからだ。忠致、景致《かげむね》父子に迎え入れられた時には、これで一息つけるとさぞや安堵したことだろう。しかし、ここで義朝はあえなく三十八年の生涯を閉じることとなる。

長田父子は義朝に風呂を勧めた。この風呂というのは、焼いた石に水をかけるといった、今でいうサウナのようなものだったらしい。刀は錆びてしまうから持ち込むわけにはいかない。これが長田父子の計略であった。彼らは義朝を丸腰になるように仕向け、くつろいでいるところを狙って暗殺を決行。忠致は娘婿である鎌田政家も、酒を勧めたうえで抹殺している。同年十二月二十九日とも、年が明けた正月四日のことともいわれる。

義朝はためられたと気づいた時、「木太刀一つあらば」と言ったと伝えられている。騙し討ちにされた無念がにじみ出る言葉だ。そして義朝の首は京に運ばれて晒し首にされることとなった。

旭将軍木曾義仲が最期の供に選んだ相手とは？ 女一瞬友一生！

栄光に包まれた日々と、坂道を転げ落ちるかのような屈辱の日々。源平の戦いには人の世のはかなさがつきまとう。

源氏方の武将にあってこのような悲哀を味わった者の代表格が木曾義仲であろう。

彼は源為義の次男義賢《よしかた》の子として生を受け、信濃にて青春時代を過ごした。頼朝や義経の父義朝は、為義の長男であるから、義仲は頼朝たちと従兄弟の関係にある。

やがて治承四（一一八〇）年、木曾谷にて反平氏の兵を挙げた義仲は、寿永二（一

一一八三）年五月、倶利伽羅峠《くりからとうげ》にて平氏の大軍を破り、七月二十八日、京へ入った。

その義仲を相手に暗躍したのが、日本一の大天狗といわれた後白河法皇である。

平氏が朝廷を思いのままに操っていたことに不満を抱いていた後白河法皇は、平氏を追放する軍功をたてた義仲の入京を歓迎する。無位無冠だった義仲に、従五位下左馬頭兼越後守を任命し、さらに伊予守へと転じさせるのと同時に、平氏領だった五百か所のうち百四十か所を与えるという厚遇で報いた。

朝廷での発言力を増したと義仲が自惚《うぬぼ》れるのも無理はない。だが、後白河法皇の意図するところは、義仲には武士本来の役目である京の治安維持だけに腐心してもらい、政治には首を突っ込まないようにさせることだった。

しかし、後白河法皇の望みを察する政治的な能力は義仲にはない。さっそく、皇位継承問題に口をはさむ。義仲が挙兵するきっかけを作った以仁王《もちひとおう》の遺児である北陸《ほく》宮《りくのみや》を皇位につけるよう法皇に具申してしまうのだ。当然、これを不愉快と感じた法皇は、義仲を挑発するかのように、高倉天皇の第四皇子である尊成《たかなり》親王を後鳥羽天皇として即位させた。同時に鎌倉にいる頼朝に対して、義仲の追討を命ずる動きも水面下で行っている。

次第にその首を絞められていることに気付いた義仲は、法皇を法住寺《ほうじゅうじ》に襲撃したばかりか、幽閉して思うままに政治を動かそうという暴挙に出る。そこには、頼朝と気脈を通じて純粋に平氏打倒を目指したかつての義仲の姿はもうなかったのである。

義仲は法皇に強要して頼朝追討の宣旨を受ける。そして寿永三(一一八四)年には征夷大将軍に任ぜられ、旭将軍を名乗った。ところが、すでに法皇から義仲追討を命じられていた頼朝は、源義経《よしつね》と範頼《のりより》に六万の兵を与えて義仲の制圧に打って出る。義仲は東国からの義経たちの対応に追われる一方で、新宮十郎行家《しんぐうじゅうろうゆきいえ》が和泉国

（現・大阪府）で反義仲の兵を挙げたため、それにも対応しなければならなくなった。

これでは義仲の軍だけで京を守りきれる状況ではない。あっという間に防衛線を破られ、義経の軍勢が京になだれこんでくるまでにはそれほど時間を要することはなかった。

義仲はひとまず近江方面へと逃げ延びる。だが、すでに死を覚悟しており、彼の脳裏には幼い頃から一緒に育った今井四郎兼平《いまいしろうかねひら》の姿が浮かんでいた。その気持ちが、彼をこの方面に向かわせたのだろう。二人はかねてから死ぬ時は一緒にと誓い合っていたのだ。義仲には巴御前という最愛の女性がいたとされるが、彼が実際に死の供に選んだのは、愛情を注ぎ続けてきた女性ではなく、竹馬の友・今井兼平であった。

義仲は近江方面からの防衛線・瀬田を守っていた兼平と再会を果たし、最期の決戦に立ち向かう。しかし、もはや勝機を見出すことはできず、二人は死地を求めて粟津《あわづ》へと向かった。

この時、追手から逃げる義仲の乗っていた馬が、田んぼの深いぬかるみにはまり、脚が抜けなくなってしまう。そこへ、非情にも石田為久《いしだためひさ》という武士の放った矢が飛来し、田んぼで立ち往生している義仲を射抜く。平氏を京から追い落とした木曾義仲は征夷大将軍に任ぜられてからわずか十日後の寿永三（一一八四）年、一月二十日に三十一歳でこの世を去ることになったのである。

敵将二人を道連れに海中へ消えた平氏の勇将・平教経

桓武平氏の流れを汲み、平清盛の時代に頂点を極めた平家一門。やがて、朝廷との関係を深めるなかで、武士の一門ながら、公家のような生活習慣を身につけていった。源平の戦いを振り返ってみても、あくまでも正攻法で美しく戦い、勝利することを好む平氏と、奇襲作戦を多用して純粋に勝利にこだわる源氏と、その戦い方は大きく異なっている。

そんな様式美を追い求めた平氏の武将のなかで、異彩を放っているのが平教経《たいらののりつね》である。平教経は平教盛《のりもり》の次男として生まれた。教盛は忠盛《ただもり》の三男にあたるので、清盛の弟、つまり、教経は重盛や宗盛の従兄弟にあたる。

父親の教盛が平治の乱以降は源平の合戦には出陣せず、後方で留守役をこなすのを好んだ穏やかな性格の持ち主だったのに対し、教経は勇猛果敢な戦士であった。とくに平氏のお家芸ともいえる海戦では目覚しい活躍をしており、気力、知力に優れ、平氏末期の武将のなかでは飛び抜けた能力を持った人物だった。

一ノ谷、屋島、壇ノ浦の戦いと、敗北続きだった没落期の平氏の戦いにあって、教経率いる一団だけは、源氏に優るとも劣らない戦いぶりを展開している。元暦二（一一八五）年の屋島の戦いにおいては、一千艘の船を互いに結び付け合い、巨大な浮島のようなものを作り上げ、そこに騎馬武者を乗せて源氏軍に攻め寄せ、混乱に陥れている。作戦の発想といい、規模の大きさといい、教経が傑出した軍略家であることが見て取れよう。

また「六箇度の戦」と呼ばれる連戦も、教経伝説を裏づけるのにはふさわしい戦いである。都落ち後、平氏の西国支配に反発する豪族たちが次々に反乱を起こしたことを知った教経は、船を利用して、淡路、安芸、摂津、備前の地で次々と敵を攻め落とし、一連の戦いを連戦連勝で飾ったのである。

向かうところ敵なしといった教経だったが、最後の戦いとなった壇ノ浦の戦いにおいても、教経らしい八面六臂《はちめんろっぴ》の戦いぶりを見せることになった。

序盤は海戦が得意な平氏が有利な形で戦いを進めていたものの、潮の流れが変わったのを機に源氏が反撃を開始。平氏に従属する武将のなかから裏切り者も出たことで、平氏は敗色濃厚となる。諦めの雰囲気が漂う平氏のなかで、ただ一人疲れを知らずに戦い続けていたのが教経だった。次から次へと矢を射っては敵を倒していく。教経の周囲に敵の死骸が積み重なっていくのを見た平知盛が、これ以上の殺生は罪つくりになると諫めたほどだった。

平家一門のなかでも、教経が一目置いていた知盛の一言だけに、彼も逆らうことはできない。しかし、闘将教経はここからその真骨頂を発揮する。ほかの平氏武将のように戦いを諦めることはせず、倒すべき標的を一人に絞りこんだのである。その標的の名は源義経。敵の大将の首を取ろうと、源氏方の船へと近づき飛び乗っていった。何艘もの船へと移動しながら義経を捜し出そうとするが、実はこの時、教経は義経の顔さえも知らない。そこで、鎧や兜などから大将らしい風貌の人物を捜していたところ、義経と思われる人物をついに発見する。しかし、教経にはかなわぬと悟った義経は後に「義経の八艘飛び」と謳われた、小柄な身体を生かして船から船へと飛び移る軽業で逃げるため、さすがの教経も近づくことができない。

憤懣《ふんまん》やるかたない教経は、義経追跡をついに断念。太刀、薙刀、兜などを海に脱ぎ捨て、鎧の胴だけの姿になる。そして、自分を生け捕りにしてみせる者はいないかと大声で叫んだ。

さすがの源氏の武将たちも怯んだのか、なかなか教経に近づいて生け捕りにしようという者は出てこない。だが、三人でかかればたとえ相手が大鬼でも負けはしまいと考えた武士三人が教経の船に飛び移り、太刀を抜いて襲いかかった。

だが、教経は慌てることなく、たちまち一人を海に蹴りこんだ。そして、残る二人を両脇に抱えたまま海中へ身を踊らせたのだった。この時、教経は、

「さらばおのれら、死途の山のともせよ」

と叫んだといわれている。

東大寺や興福寺を焼き払った平重衡の身に降りかかった因果応報

清盛の五男・平重衡《たいらのしげひら》は治承五（一一八一）年の尾張墨俣《すのまた》の合戦で新宮十郎行家率いる軍勢を破るなど、数々の戦いで活躍した人物である。貴公子然とした風貌で、細かい気配りができる思いやりのある男であった。

だが一方で、仏や神仏をも恐れぬ不届き者という評価も下されている。

この評価を定着させたのは、治承四（一一八〇）年に重衡が総大将として攻撃した南都焼き討ち事件だ。南都とは現在の奈良県のことで、重衡が率いる平氏軍が、六万もの大軍を結成した奈良の興福寺に攻め入り、途中、戦いを有利に進めるべく火を放った。この際、東大寺をはじめとする七つの寺や堂宇坊舎などに飛び火して、ことごとく焼き尽くされて多数の死者を出してしまったというのが南都焼き討ち事件の概要だ。

この事件は平重衡個人にとどまらず、平家一門の印象をも地に堕としてしまう事件でもあった。なぜかというと、興福寺は藤原氏が代々氏寺として大切に扱っていた寺であること、もう一方の東大寺が皇室との関係が深い寺であり、庶民からも篤い信仰を寄せられていたことから、京都に居る貴族たちだけでなく、民衆にとっても奈良は古来からの宗教上の聖地として敬われていた場所だったからである。

こうした聖地を焼き払った平氏に対し、人々は必ず神罰や仏罰が下るものと噂し、なかでも直接手を下した重衡には重い罰が下されると口を揃えていうようになったのだ。

とはいえ、重衡がこれらの非難を浴びるのは気の毒な面もある。南都攻撃を企画し重衡に総大将の任を命じたのは平清盛にほかならないからだ。

そもそも、なぜ清盛に南都を襲撃する必要が生じていたのか。これは、神人や僧兵たちの強大な権力志向を警戒したからにほかならず、清盛自身が彼らと根深い対立の歴史を有していたことが関係している。

その平家と南都対立の萌芽は、久安三（一一四七）年に遡る。保元の乱が起こる以前のことだが、すでに平氏が京都で着々と勢力を増していた頃の話だ。祇園の催し物に参加していた清盛と父親の忠盛の郎党たちが、祇園社の所司とケンカするという事件を巻き起こした。この時、郎党の誰かが、矢を放ち、その矢が神殿に突き刺さってしまったこともあり、本山である比叡山延暦寺をはじめとする宗徒たちが、郎党の総帥である清盛に反感を持ったのである。その背景には、平氏打倒に執念を燃やす後白河院が、様々な挑発的な事件を起こさせるなど、裏で糸を引いていたことも関係していよう。

その後、政治の実権を握った清盛だったが、興福寺の僧兵をはじめとして、南都の僧兵たちが反抗的な態度を取り続けることに苦慮するようになる。さらに、宗教的な権威を振りかざす南都の宗徒たちや、その権威に乗じて実権を譲り渡すことに抵抗する朝廷との関係にも手を焼くことになっていった。

治承四（一一八〇）年に、清盛が京都から福原（現・神戸市）への遷都を断行したのも、山門の勢力とそれに結びつく京の貴族から逃れる意図も含まれていたといわれている。しかし、遷都はますます平氏に対する憎悪を生み出す結果となったこともあり、わずか半年で再び京都に遷都しなおすという処理をとらざるを得ない状況にまで追い込まれていた。

いわば、目の上のたんこぶである南都の僧兵たちを抑えつけたい。こうした意図から、清盛は南都討伐を命じ、その総大将に重衡を任命したというわけだ。

そんな重衡は、のちに寿永三（一一八四）年一ノ谷の戦いで源義経に敗れて、自害しようとしているところを発見されて生け捕りにされてしまう。捕われの身となった重衡は、京の市中を引き回されたあと、鎌倉の頼朝のもとに送られた。京の人々は市中を引き回される重衡を見物し、神仏の祟りだと噂したと言い伝えられている。

市中引き回しという、武士にとっては屈辱以外の何ものでもない仕打ちを受けた重衡の不幸はさらに続く。鎌倉では潔く首をはねて欲しいと願い出て、武士らしい潔さに頼朝を感心させ手厚いとりなしを得た重衡だったが、南都の大衆からは身柄を引き渡すようにとの強い声が上がっていた。頼朝もこれには抗しきることができず、僧たちの恨みが渦巻く南都へと、引き渡されることになってしまったのである。

南都が焼き討ちの張本人である重衡の罪を許すわけはなく、木津川で処刑されることになった。首をはねられる直前、重衡は、南都を焼き尽くしてしまったことは自分が意図するところではなく、父清盛の命によるものだとしたうえで、父の命令に背くことができるだろうかと最期の言葉を残している。

因果応報というにはあまりに酷な最期であった。

自分の討伐軍に参加させられた!?　打倒平氏の烽火を上げるも宇治に散った源頼政

以仁王の令旨《りょうじ》をもって、全盛期を謳歌していた平氏を打倒する動きが全国に広まっていくことになるが、そんな以仁王を後押しした人物が源頼政である。

清和源氏を大きく分類すると、摂津・大和・河内の三つの流れに分かれる。その嫡流といえるのが摂津源氏という血筋になるのだが、頼政はその五代目にあたる。いわば、源氏のなかでも名門の出身というわけだ。

平治元（一一五九）年の平治の乱以降、清盛が政権の中枢につき、要職は平家一門が独占していくようになる。宿敵だった源氏は、政権に入ることが許されなかったどころか、京の都に住みつくことさえできずに、地方で暮らすことを余儀なくされていた。

そんな源氏方の武将のなかで、ただ一人、清盛政権の傘下に入っていた人物が源頼政なのである。頼政は平治の乱の際、初めは同じ源氏の棟梁だった源義朝方に加わり、清盛とは敵対する関係にあったのだが、戦いの途中で平氏方についていた。

そんな頼政は弓の名人としてその名が広く知られていた。頼政の弓の名手ぶりを伝えるものとして、二度にわたる鵺《ぬえ》退治の逸話が残っているのだ。ともに平治の乱以降の時代のことで、頼政が朝廷の警備を担当していた仁平年間（一一五一～五四）と、応保年間（一一六一～六三）に起こった騒動である。

まずは仁平年間のこと。夜ごと丑の刻ともなると帝が就寝する御所の上に黒雲がかかり、帝が脅えるという事態が発生していた。あらゆる呪術や祈禱《きとう》が試されたものの、問題は解決しない。そこで指名されたのが、源頼政だった。彼が指名されたのは、かつて同じ源氏の義家が帝の災いを解いたことがあるという理由からだった。

頼政が御所で丑の刻を待ち受けていたところ、その夜も黒雲がかかり怪しい雰囲気が漂いはじめた。何か動くものが見えた頼政は、すばやく弓を射ったところ、地上に何かが落ちてきた。火をかざしてみると、頭は猿、体は狸、尾は蛇、手足は虎という鵺だったという。頼政は応保年間にも、鵺を射落とすという手柄を立て、弓の名手として人々の記憶に刻まれることになった。

源氏の本流というべき血筋に、弓の名手としての腕。平氏政権に大人しく従っているとはいえ、そんな頼政を、平清盛はいつの日か自分に狙いをつけると警戒しなかったのか、疑問に思うことだろう。だが、実際のところ清盛は全く頼政に疑いの目を向けたことはなかった。

その理由の一つが頼政の年齢である。頼政は長治元（一一〇四）年生まれだから、平治の乱で平氏方についた時には、武将として峠を越えた五十四歳。以仁王をけしかけて平氏打倒を叫んだ治承四（一一八〇）年では、すでに七十六歳の老齢になっていた。この歳まで平氏に逆らうことなく勤め上げてきた男が、打倒平氏で動くとは清盛でも考えが及ばない。

二つめの理由が、冴えた才能を頼政が示してこなかったことだ。長年、平氏の政権下について、仕事を勤めていたものの、頼政は目立った働きを示していなかった。当然、昇進もすこぶる遅く、正五位下に叙されて昇殿を許されるまで四十年もかかっている。平氏打倒を叫んで立ち上がる二年前の治承二（一一七八）年に、今でいう閣僚扱いになる従三位に昇進しているが、これも老い先短い高齢の頼政に同情し、清盛が昇進させた情実人事だったほどだ。

理由その三。以仁王を動かした頃の頼政は、病気に苦しんでおり、とても平氏打倒を叫んで動くことができる状態にはないと思われていたことだ。これだけの理由が揃えば、清盛が頼政を心配しなかったのも理解できよう。

しかし、治承四（一一八〇）年、頼政は以仁王を動かして、打倒平氏を標榜して鎧と兜をつける。この時でさえ清盛は以仁王と組んでいるのが頼政とは信じなかった。清盛は反乱の情報を知り、詳細を頼政の息子である源仲綱《なかつな》に調べさせようとしているし、頼政を以仁王討伐の軍勢に加えたほどだ。

それほどノーマークで平氏に服従していた頼政が、なぜ晩年になって平氏打倒で動いたのか。その理由はいろいろいわれているものの、明らかにはされていない部分が多い。有力な説といわれているのが、息子仲綱の愛馬を清盛の三男である宗盛が強引に譲らせたことに対する怒りだったとするものだ。仲綱が出し惜しみをしたと、宗盛は馬に「仲綱」と烙印を押し、仲綱を罵倒したという。いわば、一族を侮辱されたことに対する復讐心が動機だったというものだ。

ただ、平治の乱後、没落の一途をたどりつつあった源氏にあって、政治の中枢に源氏の命脈を保たせた人物である。それほどの人間が怒りにまかせた行動に出るとは考えにくい。やはり源氏一族として積もりに積もったものがあったと考えるほうが正しいのではないだろうか。

平氏打倒の挙兵であるが、準備が整わないまま戦いが始まったこともあり、たちまち頼政軍は平氏の軍に追いつめられる。頼政は以仁王を奈良方面に逃がした後、宇治平等院境内で自害してその生涯を閉じている。七十七歳だった。

源氏の一斉挙兵はこの三か月後に始まる。

義経の逃避行を助けた忠臣佐藤忠信の壮絶な最期!

源平の合戦において、兄の頼朝を助け大きな功績を残した義経。奇襲作戦などにおけるひらめきと実行力は、義経の実力であることは間違いないが、その功績は義経に命を捧げ働いた、腹心の部下の支えがあってこそ実現できたものである。彼らの働きがなかったとしたら、義経はこれほどまでに活躍できなかったかもしれない。歴史が変わっていたかもしれないのだ。

佐藤継信《つぐのぶ》、忠信《ただのぶ》兄弟も義経の家臣である。平将門を討った藤原秀郷《ひでさと》の末裔、出羽・陸奥押領使師綱《もろつな》の孫、陸奥国信夫荘（現・福島市）の荘司・佐藤元治の子。兄の継信は豪放で、弟の忠信は篤実な人柄だったという。この対照的な兄弟は、秀衡の命により、義経の平氏追討の際に家臣として活躍。そして、まさに自らの命を張って義経を守り続けるのだ。

屋島の戦いで、義経に平氏方の「王城一の強弓精兵」と謳《うた》われた能登守教経の強弓が襲いかかった。その時、身をもって主君義経の前に立ちふさがったのが佐藤兄弟の兄、継信だった。彼は首を射抜かれて討ち死にする。まさに義経の身代わりになって、その役目を果たしたのである。

一方、弟忠信の活躍は平氏滅亡後、主君義経が頼朝に追われる立場になってから華々しい。忠信は兄と死に別れた後も、主君義経の傍にあり、義経を守り続けたのである。

義経の命を狙うために上洛した土佐坊昌俊《とさのぼうしょうしゅん》が、軍を率いて六条室町の義経邸を襲撃した時に、その撃退に活躍したのが忠信であった。

さらに吉野山中で吉野の執行・覚範禅師ほか大衆が蜂起、押し寄せてきた時のこと。もはやこれまでと考えた義経は自害しようとする。それを止めたのも忠信である。彼は主人にこう言った。

「兄が屋島の戦いで自分の命を引き換えに義経様を守りました。今度は自分が身代わりになって戦死します。どうかその間に逃げてください」

義経は三十余人の兵のうち、忠信に十七人を与えるとひそかに逃れていった。

忠信は敵がいよいよ迫ってくると、高台に駆け上がり叫んだ。

「我こそは鎌倉源二位（頼朝）の弟九郎大夫義経である」

そして、義経が残してくれた十七人の精鋭とともに、追手を弓で射かけた。頼朝方の将兵は、義経が弓矢もこれほど強かったのかと驚嘆したという。しかし善戦するも、敵の数は多数。弓矢も尽き斬りこんでいくが、忠信以外全員が討ち死にしてしまう。そこで忠信は再び高い所に上がると叫んだ。

「我をまことの義経公と思うか。義経公は昨日のうちに出立した。我は、義経公の家臣、佐藤忠信である。勇者の自害する姿を見て手本となせ」

そして、鎧の上帯を切り捨てると、切腹をする格好をしてそばの谷へ飛び降り、その遺体を捜す敵陣を尻目に吉野山中を脱したのだった。

その後、忠信はどうなったのか。何とか落ち延びると、京都に潜入して粟田口周辺に潜んでいたが、幕府軍が六波羅に集結したことを知ると、女のもとに身を寄せた。しかし、追っ手の軍勢に察知される。忠信は襲撃してきた追っ手に弓矢を射るが、矢が尽きると切りかかっていった。

孤軍奮闘ののち、手負いとなった忠信は、敵の手にかかる前に十文字に切腹。ところが内臓が出ても死に切れないため、刀の切っ先をくわえ、縁の上からまっさかさまに落下し、ついに自害して果てた。弱冠二十六歳であった。

源氏内紛の元凶？最後まで頼朝に歯向かい続けた源行家

源氏の歴史を繙《ひもと》いていくと、常に一致団結して平氏に立ち向かった一族と思いがちだが、時には平氏側につこうとする行動を取ったり、一族の間で内紛の火種をまいて混乱をきたす元凶となった人物も存在している。源頼朝の叔父にあたる源行家などはその代表格といっていいだろう。

源行家は源為義の十子として生まれた人物だが、生まれた年や彼を産んだ母親の

名などはともに不明である。為義の長男は後に頼朝の父となる嫡男義朝だが、父子でありながら保元元（一一五六）年に起こった保元の乱においては敵味方に袂《たもと》を分かつことになった。この時、義朝を除く為義の子供たちは大方が父について戦い敗れている。戦いは義朝がついた後白河天皇方の勝利に終わり、義朝は自身の手で父為義を処刑することになる。為朝をはじめとする為義のほかの子たちも斬首あるいは流刑に処せられることになったのだが、行家は処罰を免れたようだ。おそらく事件当時の行家はまだ幼い子供だったためと推察されている。

保元の乱に続いて起こった平治の乱で、行家の兄にあたる義朝は平清盛に敗れて暗殺されるという運命をたどる。行家はこの時、熊野神社にかくまわれていた(このため新宮十郎行家《しんぐうじゅうろうゆきいえ》を名乗っている)とされ、源氏の残党として処刑されることを、なんとかここでも免れることとなった。

その後、時の権勢である八条院の蔵人《くろうど》となっていた行家が、歴史の表舞台へと登場する時期がやってくる。平家のために天皇の即位を阻まれていた以仁王が、治承四(一一八〇)年に平氏打倒の令旨を発した際に、その伝播役として行家が指名されたのだ。おそらく、京の傍に居る源氏関係者のなかで、嫡流である八幡太郎義家の流れを汲む数少ない生き残りだったことが関係していたのだろう。

大役を任された行家であるが、この動きはすぐに平氏によって発見されている。どうも途中で人にこの密命を話してしまい、それが京へと伝わったらしい。こうして源氏の挙兵は早期発覚。関東から応援が駆けつける前に以仁王は討たれてしまったのだ。

その後、頼朝や義仲の挙兵に合わせて、行家自らも平氏打倒のために軍団を形成して挙兵。だが、源義仲や源義経のような、武将としての軍事的な資質には欠けていたようで、平氏軍団との最初の戦闘となった尾張国墨俣の戦いに敗れたのを皮切りに、同じ尾張国矢作《やはぎ》川の戦い、播磨国室山《むろやま》での戦いと平氏に三連敗を喫している。

墨俣の戦いにいたっては兵を失うばかりか、頼朝の弟・義円までも殺してしまい、軍事的な損失を源氏方に負わせることになったわけだが、行家は源氏の人々の間を行き来して、互いの同盟を悪化させる動きもしてしまった。のちに義仲や義経は源氏の棟梁頼朝に追討されることとなるのだが、その一因を作った張本人は行家だったといっても過言ではない。

墨俣の戦いに敗れた際、行家は頼朝に自分が治める領国を分けてくれるよう無心した。だが、そんなに甘くはない。頼朝は自分で国を切り取れと即座に却下。行家は頼朝に恨みを抱く。以降、行家は頼朝憎しゆえの行動に終始する。そこでまず彼が取った行動というのが、木曾で挙兵して破竹の勢いで平氏に打ち勝っていた源義仲を頼ることだった。やがて義仲と合流した行家は義仲のおかげで上洛に成功するのだが、その陰で義仲と頼朝の関係を悪化させるような諫言《かんげん》を義仲に伝えたといわれている。この影響もあって義仲と頼朝の仲も次第に冷めていった。

すると今度は、義仲との間に勢力争いを巻き起こす。朝廷からの論功行賞《ろんこうこうしょう》を巡って、自分が義仲よりも低い評価だと知った行家は、やがて義仲と喧嘩別れする形で袂を分かつのだ。平家一門都落ちのきっかけを作ったのは義仲なのだから、朝廷の評価は正しいといえよう。だが、行家には源氏挙兵を呼びかける宣旨を伝えたという自尊心があったようだ。

こうして義仲のもとを去った行家は、義仲を討つべく頼朝が京へと送りこんだ義経へと接近。ともに軍団を形成し、義仲追討の動きに出た。だが、ここでも行家は義仲との戦いに敗れてしまい、京入りを果たすことができない。彼が都へと入ったのは、義仲が義経らの一団によって倒された後のことだった。

やがてその義経が頼朝との関係を悪化させていくと、後白河院から頼朝追討の宣旨を受けて動き出そうとする。しかし、頼朝に抗し続けることかなわず、都落ちとなった。

その後、和泉国の民家に潜伏していたところへ襲撃を受け、屋根に登って奮戦するも結局、捕縛となる。めまぐるしく同盟関係を変えた行家に、頼朝が下した処分は斬首だった。

複雑な源氏の人間関係にあって、源行家の動きを見ると、その対立構造も理解しやすくなるかもしれない。非常に興味深い動きをした人物といえよう。

最後にほくそ笑んだのは誰？ 御家人たちの思惑の渦巻く仇討ちに散った曾我兄弟

曾我《そが》兄弟の復讐劇は、『忠臣蔵』『鍵屋の辻』と並び日本三大仇討ちとされている。戦前には小学校の教科書にも掲載されるほどで誰もが知るものであった。クライマックスとなる仇討ちが頼朝の催した巻狩で行われたことなど、人の心を惹きつける劇的要素に満ちている。

鎌倉時代初期に父の仇討ちを成し遂げたこの兄弟の話は、鎌倉時代末期から室町時代初期頃に『曾我物語』に書かれ、広く世に伝えられた。以降、能楽、浄瑠璃、歌舞伎などで取り上げられ、ことに歌舞伎の世界では「曾我もの」と呼ばれる様々な演目が生まれて親しまれてきたのである。

物語の内容は、幼い兄弟が工藤祐経《くどうすけつね》により父河津三郎祐泰《かわづさぶろうすけやす》を殺され、元服して本懐を遂げたという話である。主人公は仇討ちを行う悲劇の英雄曾我兄弟で、悪役は工藤祐経。主要人物の関係は単純明快であるものの、その原因や人間関係は複雑で、悪役工藤祐経が頼朝の重臣であったことも相まって、周囲の思惑と時代背景が絡み合い、入り組んだ様相を呈する。

そもそも祐経が殺そうとしたのは、兄弟の父祐泰ではなく、その祖父伊東二郎祐《いとうじろうすけ》親《ちか》であった。原因は土地の領有である。彼らはみな伊豆半島海岸一帯に勢力をもつ有力武士団工藤氏の一族で、祐経と祐親は従兄弟にあたる。二人の先祖の残した領地を巡る争いだ。

一族の所領は、祐親の父祐家に受け継がれたが、この父の没後に祐親が得たのは河津庄だけで、所領の大半を占める伊東庄は祐家の弟祐次のものとなってしまった。

この因縁はほどなくして祐次の子祐経に継承される。祐親は恨みに思いながらも、表面は取り繕い、娘を祐経に嫁がせた。一方で、京の武者所に仕えるように勧め、祐経が上京している間に伊東庄を横取りしてしまった。

祐経は武者所に勤めながら平重盛に仕えていたので祐親の横領を知って重盛に訴えるが、祐親が献金などで手回しをしたらしく、ふたりで半々にするようにとの裁定が出される。

祐親の欲はこれに留まらなかった。その後、祐親は祐経の妻となった娘を呼び戻し、ほかに嫁がせたうえ、巧みに立ち回って祐経のものとされた土地まで奪ってしまうのだ。

これでは祐経が怒るのも当然だろう。ついに祐親を殺せと部下に命じる。ところが、誤ってその子祐泰を殺してしまい、当の祐親はケガだけで済んでしまったのである。安元二（一一七六）年のことだった。

巻き添えを食って殺された祐泰には二人の子があった。彼らは父を殺された時、兄の祐成《すけなり》はまだ五歳、弟の時致《ときむね》にいたっては三歳。それでも母は父の仇を討つように諭したといい、兄弟はこれを胸に深く刻んで育つことになる。母は二人を連れて、やはり工藤一族の曾我祐信と再婚した。曾我兄弟と呼ばれるのはこのためである。

祐泰の死から四年後、頼朝が旗揚げした。命拾いした祐親は平氏に臣従していたため頼朝討伐軍に加わり、捕えられてしまった。

一方、祐経は頼朝に仕え、文化的教養により重用されたから、正反対の立場に立つことになる。

頼朝方についたのは祐経だけではない。祐親と姻戚関係にある多くの人々がいた。北条時政は娘婿であり、頼朝の妻政子は祐親の孫にあたる。三浦義澄《みうらよしずみ》、土肥実平《どひさねひら》の子・遠平《とおひら》も娘婿、畠山重忠《はたけやましげただ》の妻は孫娘だった。彼らの助命嘆願により祐親は罪を許されるが、それを恥じて自害してしまった。

ただし、頼朝自身は祐親を恨んでいた。かつて祐親の末娘八重姫と恋仲になった時、祐親は流人との仲を認めず、八重姫を取り返したうえ、二人の間に生まれた子を殺害までした過去があったからだ。

そんなこともあって、頼朝は一度、祐経にそそのかされ、憎い祐親の孫である曾我兄弟を殺そうとしている。祐経は二人の成長を恐れ、やがて敵対するようになると頼朝をけしかけたのだ。兄弟が自分の命を狙っているのだから、しかたのない行動とも取れよう。本人にとっては必死の諫言だったに違いない。

しかし結局、頼朝は和田義盛《わだよしもり》や畠山重忠の助命嘆願を聞き入れ、兄弟を助けている。両者が兄弟を救おうとした背景には、祐経への反感があった。さしたる戦功もなく、要領だけはいい文治派の祐経は、生粋の坂東武者に忌み嫌われていたのだ。

さて、祐成は十三歳で元服。弟の時致は母の意向で僧となるため箱根権現に預けられていたが、十七歳の時に脱走し、勘当される。そして、兄とともに北条時政《ほうじょうときまさ》のもとを訪れ、彼が烏帽子親《えぼしおや》となって元服した。

兄弟はすでに仇討ちの決行を決めていた。あとは、いつどのようにという問題である。親戚たちも同情を寄せ、密かに応援していたと見られる。

辛抱強く機をうかがい続けた兄弟は、建久四（一一九三）年、ついにその時が来たことを知る。前年に征夷大将軍に任ぜられた頼朝が、その威光を示す一大行事を行うことになったのである。これが富士の巻狩であり、諸国の武士を集め、勢子まで加えると実に七十万人もの人々が参加したという。

祐成は逗留していた大磯を離れ、弟時致とともに母のもとへ行った。祐成に説得されて母もようやく勘当を解いたという。祐成は二十一歳、時致十九歳になっていた。

仇討ちが決行されたのは五月二十八日。兄弟はここでも慎重に時が来るのを待ち、祐経の寝所の偵察を重ねたうえ、狩りが始まって十三日目の夜、雷雨にまぎれて侵入した。そして、ついに本懐を遂げたのである。

二人は驚いて飛び出してきた武士たちに囲まれ、祐成は十人を斬った後討ち取られた。時致は頼朝の本陣に近づいたところを捕えられ、翌日、頼朝の面前に引き出される。頼朝は時致の武勇と潔さに感じ入り、助命しようとしたが、祐経の子・犬房丸に泣きつかれ、引き渡すことにした。時致はすぐに討たれて命を落としている。

それにしても、狩場とはいえ幕府の威信をかけた催事であり、警戒は厳しかったはずである。兄弟がそれをかいくぐることができたのは、やはり協力者がいたからであろう。和田義盛は二人を激励して、母への手紙を預かっているし、祐経の寝所へは畠山重忠の臣が案内したともいう。兄弟に斬られた者のなかには、この二人のほか北条、土肥、三浦の臣もいないのだ。

こうして、曾我兄弟は幼い日の決意を守り、若い命を捨てた。その一方で、有力御家人の面々は目障りな工藤祐経の排除にまんまと成功しているのである。曾我兄弟の仇討ちとその背景に潜む御家人たちの思惑。そして工藤祐経と伊東家の確執の発端を考えると、曾我兄弟の仇討ちは通説に語られるものとはまた違った物語に見えてくるのではないだろうか。

◆コラム◆
琉球王朝の祖は源氏の荒武者⁉ 沖縄逃亡説が伝えられる源為朝

源平時代の弓の名手というと、よく名前を挙げられる武士に那須与一がいる。だが、おそらくそのスケールの大きさや弓のパワーなどの総合的な観点から見ると、源平時代の最高の使い手の称号は源為朝《ためとも》に与えるのがふさわしいといえるだろう。

源為朝は源為義の八男として生まれている。長兄は源義朝になるので、為朝は鎌倉幕府を創建した源頼朝にとっては叔父にあたる人物だ。源義経などが活躍した、源平合戦が最も華やかなりし時代よりも早い時代の人物であるうえ、主戦場で活躍したのは保元の乱だけと少ないため、あまり注目されない人物でもある。だが、その荒武者ぶりは、数々の伝説となって今に伝えられているほどの豪傑なのだ。

幼少の頃から暴れん坊で、手を焼いた為義は、為朝が十三歳の時に九州へと追放してしまう。だが、この程度の処置でめげる性格の持ち主ではない為朝は、九州でも大暴れを続けていく。自らを鎮西《ちんぜい》（九州）を平定する使者であるとする惣追捕使と称して、各地の豪族たちに次々と戦いを挑んでいき、三年間で北九州を統一してしまうほどの進撃ぶりだった。そこでついたあだ名が鎮西八郎《ちんぜいはちろう》である。

もちろん、朝廷は為朝に惣追捕使などという役職も、九州平定の命令も出してはいないため、為朝に出頭するようにと召還状を送る。だが、朝廷なぞさらさら尊重する気持ちのない為朝はこれを無視。九州の地に居座り続けた。

こうした破天荒な行動だけではない。為朝の風貌そのものも豪傑を画に描いたようだった。身長は七尺ほどの巨漢で、目の角が二つに裂けて見えるから迫力も満点だったという。

武芸はどの分野にも秀でていたが、特に弓矢の名手として名高かった。弓を構える弓手（左手）のほうが、弓矢を引く馬手（右手）よりも四寸ほど長かったこと、そして怪力であったことから、強弓をもって知られていた。手に七尺五寸で五人張りの大弓を持ち、そこから放たれる矢は強力な威力を発揮した。

そんな為朝も、朝廷を無視した自分の所業によって、父の為義が務めていた検非違使の地位を、長男の義朝に譲らなければならない立場に追いこまれてしまうと、これを聞いた為朝はようやく反省し、召還命令を受けてわずか十八騎の手兵を率いて上洛した。為朝十八歳の時である。

だが、運命は再び為朝を戦場へと招き寄せる。保元の乱の勃発時に為朝の上洛時期が重なったのである。この戦いで、源為義は長男義朝と敵となって戦うことになった。為朝は父とともに崇徳上皇方に加わりおおいに活躍したが、戦いは後白河天皇方の勝利に終わってしまった。

為朝は敗戦を覚悟すると、近江の地に潜伏する。だが、探索されて捕えられ、京の都に護送された。この時、本来ならば為朝の生涯は幕を閉じていたはずだ。事実、父親の為義は処刑されて命を落としている。だが、為朝ほどの武芸の才の持ち主を殺すのは忍びないとされ、伊豆大島への流刑となった。

だが、恐れを知らない為朝は、伊豆大島でも鎮まることはない。国司に反抗し、あっという間に伊豆大島を従えてしまったのだ。これに対し、追討軍が送られ、その包囲を受けた為朝はついに覚悟を決め自害して果てた。享年三十二歳とも三十九歳ともいわれている。

だが、為朝はこの時に身代わりに自害さ

せ、自らは伊豆大島を脱出したという伝説も残されている。そして、九州から奄美大島を経て沖縄に流れ着いたと語り継がれているのだ。

沖縄では地元の姫君との間に男子をもうけたが、この男子こそ、のちに沖縄の国王の座に就く舜天王《しゅんてんおう》だったというのである。

どこまでも雄大な伝説が、源為朝という男には似合うようだ。

第三章

出自に翻弄された！ あの人の数奇な運命

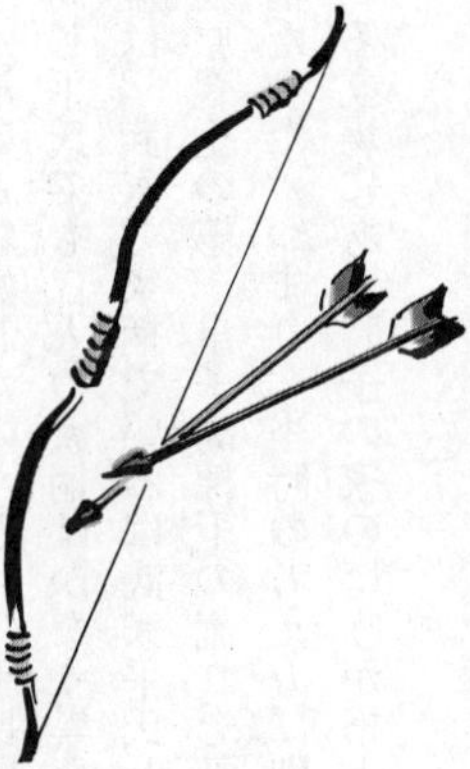

平氏の興亡を見届け、海の底にある都へと姿を消した清盛の妻時子

激しく流転した平氏の運命のなかで、ある者は平氏が栄華に包まれている最中に世を去り、またある者は転落の坂の途中で生涯を終えた。ところが、清盛《きよもり》の妻・時《とき》子《こ》の場合は、栄光と没落の双方を垣間見るというまさに激動の人生を送ることになった。

時子の父は平時信《ときのぶ》という。その娘である時子が清盛と結婚したのだから、平氏同士による同族結婚ということになる。だが、同じ平氏でも二人の家柄はかなり異なっていた。桓武平氏の流れを汲んでいる平清盛は、武家の家柄でいわば武家平氏と呼ぶべき血筋となる。それに対して、時子は葛原《くずはら》親王の第一皇子高棟王《たかむねおう》の流れを汲んだ堂上系平氏に属し、公家平氏といえる家柄だった。つまり、当時の考え方に則って両家を比較すると、武士によって警護される立場にある時子の家のほうが格上ということになる。

これを踏まえると、清盛にとって時子と結婚することは家格の上昇を意味する。

時子のどこに惚れて結婚したのかは明らかにされてはいないものの、上昇志向の強い彼のこと、その要素のなかに家柄が含まれていたのは確かだろう。時子は康治二（一一四三）年の二条天皇《にじょうてんのう》の生誕に際して、その乳母に選任されたのだが、清盛はそれを奪い取るかのように、自分の正妻としている。

清盛の選択は正しかった。時子が清盛に嫁いでからというもの、水を得た魚のように清盛は順調に出世の階段を上っていく。保元・平治の乱にて宿敵源氏を撃破すると、次第に朝廷での発言力を増していった。さらに、時子の実の妹である滋子《しげこ》（のちの建春門院《けんしゅんもんいん》）が後白河上皇の中宮となり、のちに高倉天皇《たかくらてんのう》に即位することになる憲仁《のりひと》親王を産むと、清盛の地位も加速度的に上がっていった。

まず、清盛は憲仁親王の坊宮に任ぜられ、仁安二（一一六七）年には内大臣から従一位太政大臣《だじょうだいじん》に就任している。通常では、太政大臣になるためには左大臣か右大臣のいずれかを経験しなければならない。清盛は飛び級で昇進したことになる。

清盛の栄達とともに、時子も次第にその地位を上げていく。憲仁親王の乳母になったのを機に、師三位と呼ばれるようになり、世話をした憲仁親王を高倉天皇として即位させる後押しをしている。さらに清盛との間に儲けた娘の徳子が入内し、この高倉天皇のもとに嫁ぐと従二位となる。仁安三（一一六八）年には、時子は清盛が出家したのに伴って自らも出家したため、その後は二位尼《にいのあま》と呼ばれるようになる。そして、徳子が治承二（一一七八）年に、言仁《ときひと》親王を産んだことにより、清盛とともに准三后の宣旨《せんじ》を賜っている。

治承四（一一八〇）年、わずか三歳で言仁親王は安徳帝として即位。時子は天皇の外祖母という地位にまで上りつめることになった。まさに清盛とともに平氏の絶頂期を迎えた時子の姿がそこにあった。

しかし、これ以降、時子の運命は暗転を始める。治承五（一一八一）年に夫清盛が突然の熱病にかかり急死。全国各地で平氏打倒を叫ぶ源氏とそれに呼応した武士が立ち上がり、平氏は苦しい立場へと追い込まれていったのだ。

実子宗盛が家督を継ぐことになったため、時子はその後見人として見守るとともに、幼帝である安徳天皇に優しい愛情を注いでいったが、次第に平氏は追いつめられて都落ちの憂き目を味わうことになる。無論、時子も行動をともにするが、まだ幼い安徳天皇と、その象徴ともいえる三種の神器を携えての逃避行となった。

苛酷な運命はさらに時子を襲う。寿永三（一一八四）年の一ノ谷の戦いでは、清盛との間に儲けた男子の一人重衡が、源氏方に捕えられてしまう。重衡よりも三種の神器奪回を重視する後白河院から、重衡との交換を持ちかけられた際、時子はこの条件を受け入れるよう宗盛や知盛など、重衡の兄弟たちに懇願する。そこには、息子を思う母親としての時子を見ることができよう。だが、平氏の中心となった宗盛や知盛にとって、武人たるもの捕われの身となればただ死を待つのみ、という覚悟は当然であり、ましてや三種の神器を渡すわけにはいかないと、この交換を拒否。さらに西下して態勢を立て直し、源氏に対して戦いを挑む道を選択している。

時子に幸運はもう訪れなかった。続く屋島の戦いに敗れ、渾身の力で戦った壇ノ浦でも敗れて万事休すとなった平氏の人々は、ついに覚悟を決めて壇ノ浦の海の中に身を投じることになった。元暦二（一一八五）年のことだ。

この時、男子ばかりでなく行動をともにしていた女性たちも、海の中に身を投じていった。捕われの身となって、敵である源氏の武将に辱められるのを潔しとしないがために……。

そのなかに、安徳天皇を抱いた時子の姿もあった。

三種の神器とともに安徳天皇を抱き、波の下にも都はあると安徳天皇をさとした時子は、海中に身を投じてその波瀾に富んだ生涯を閉じることになった。

一般に時子は心優しい女性として描かれることが多い。だが、そこには、女性らしい優しさを忘れない時子の姿とともに、清盛の妻として毅然たる態度で戦いに臨み、天皇をも平家一門の道連れにしてしまうという恐るべき時子の執念も垣間見ることができるのではないだろうか。

源平両家の棟梁に抱かれた⁉ 義朝の死後、清盛の妾となった常盤御前

常盤御前《ときわごぜん》というと、源平の戦いで活躍して平氏滅亡の立役者となった源義経《みなもとのよしつね》の母親として名高い女性である。同時に、源平の戦いの渦中にあって運命に翻弄《ほんろう》された女性たちのなかでも、最も劇的な生き方を選択した女性としても覚えておきたい人物である。

まず、義経を産むに至るまでの人生からして数奇な道をたどっている。

常盤御前という名前から連想して、高貴な家の生まれのように思えるかもしれないが、実際は身分の低い家柄だったようだ。雑仕女《ぞうしめ》という一種の雑役係としての職を宮中に得て、最初は後白河院の妃である建春門院の世話をしていたが、やがて近衛天皇の妃である九条院呈子《くじょういんていし》の雑仕女となる。

この九条院呈子の養父で時の摂政藤原忠通《せっしょうふじわらのただみち》は、呈子が宮中に持ち込む衣装や調

度品のみならず、供をする女中たちの選抜にも力を注いでいた。京の都から美女ばかり千人を選び、現代でいう美人コンテストを開催した。この千人のなかから十人が選抜されて供の者となったのだが、そのなかに含まれていたのが常盤御前である。常盤御前は十人のなかでも、一、二を争う美しさだったといわれている。

ところで、呈子を嫁に差し出して朝廷での基盤をより強固なものとした藤原忠通は、急速に力をつけていた武士との関係も深めていこうと考えた。このとき彼と不仲の弟頼長《よりなが》が源為義《ためよし》を味方につけていたのを見た忠通は、為義の嫡男である義朝《よしとも》と平清盛を抱き込もうと画策する。

二人を自宅に招き入れたり、呈子との連絡役に利用していたともいわれている。こうした陰謀渦巻くなか、都で一、二を争う美女、常盤御前は二人の武士に出会うことになった。

やがて、常盤御前は義朝の妾となる。常盤御前十六歳の時である。清盛も常盤に執心したようだったが、義朝のほうが手は早かったようだ。

絶世の美女である常盤御前に義朝はたちまち溺れていく。すでに多くの側室を抱えていたにもかかわらず、熱心に常盤御前のもとを訪れ、二人の間には続けて三人の男の子が生まれる。子供たちは、上から今若《いまわか》、乙若《おとわか》、牛若《うしわか》と命名された。

愛妾として三人の子宝に恵まれた常盤御前の運命を大きく変えたのが、平治元(一一五九)年に勃発した平治の乱である。義朝は、それまで同志だった清盛と敵対。その結果、敗れた義朝は、尾張国(現・愛知県)で家人のだまし討ちに遭い殺されてしまう。

常盤御前はどうしたかというと、まず子供たちが清盛に殺されることを恐れ、供の者を一人もつけずに三人の子を連れて清水寺へ駆け込んでいる。だが、清水寺は平家の本拠である六波羅にも近いため、決して安全な場所ではない。そこで、さらに大和(現・奈良県)にいる伯父を頼ってようやく逃げ延びた。

しかし、清盛は常盤の母親を捕えて常盤御前たちの行方を厳しく問いただしていた。その噂を耳にした常盤御前は、母親の命を救おうと自ら出頭することを決意したのである。

武士の世界の慣わしに従えば、この時点で常盤御前と三人の子供の命は終《つい》えてしまうはずだった。しかし、出頭してきた常盤御前に対し清盛は意外な言葉を発する。常盤御前が清盛の妾となるのなら、子供とともに命を救おうというものだった。

悩んだ末に、常盤御前は清盛の条件を受け入れる。源氏の棟梁の妾から、平氏の棟梁の妾への転身という、前代未聞の事態が成立したのである。

その後、清盛の寵愛を受けた常盤御前は清盛との間に女の子を産んでいる。後に廓《くるわ》の御方《おんかた》と呼ばれる女性である。だが、清盛は突如、常盤御前を手放してしまう。

常盤御前は公卿藤原長成《ふじわらのながなり》の正室となり、再び男の子を産む。この藤原長成という人物は、温厚で信望の厚い人物で、常盤御前を愛し、大切にしたといわれる。

武家の棟梁の妾となった彼女の場合、義朝が死亡した時点で自ら命を絶つか、仏門に入るのが当時の世の倣《なら》いであった。しかし、常盤御前はその道を選ばなかった。子供たちを救うためにあえて非難を浴びる道を選んだのだ。そのために、数奇な運命をたどることになったわけだが、のちにしっかりと幸福を得たあたりは意外とたくましい女性だったのかもしれない。

法皇に明かした胸の内！平氏の栄華と滅亡の語り部となった建礼門院徳子

建礼門院の本名は平徳子《たいらのとくこ》。平清盛の娘として生まれ、高倉天皇の中宮となってのちに安徳天皇となる皇子言仁を産み、父の宿願を成就させた人物である。同時に、平氏全盛から滅亡ののちに至るまで激しい流転の世に翻弄された女性であった。

徳子が入内したのは承安元（一一七一）年、十七歳の時である。相手の高倉天皇はまだ十三歳だった。武家出身の娘の入内は例がないため、後白河法皇の養女となってから高倉天皇の女御となり、翌年に中宮となっている。

治承二（一一七八）年には清盛が待ちに待った男子を出産したものの、周囲の情勢は順風満帆とはいいがたいものだった。この翌年には清盛が後白河法皇を鳥羽殿に幽閉する事件が起き、両者の相克は激化していく。

それでも治承四（一一八〇）年、徳子は天皇の生母、すなわち〝国母〟の座に就く。清盛が高倉天皇に譲位させ、言仁親王がわずか三歳にして安徳天皇となったからだ。

養和元（一一八一）年徳子は院号を与えられ、建礼門院と称した。

しかし、上り詰めた頂点の先には急峻な下り坂が待ちかまえていた。栄華を極める平氏に対し、諸国でなりを潜めていた源氏による蜂起が始まったのだ。源氏の勢いを恐れた清盛が摂津の福原への遷都を断行したため、徳子も幼い安徳天皇を抱いて後白河法皇、高倉上皇とともに新都へ移る。

ここで徳子は夫・高倉帝と実父・清盛を相次いで失うこととなる。

ところで、その直前に両親に対し怒りを見せている。自らの苦悩を内に秘め、実父の清盛にも多くを語らず、意のままになってきた徳子が、初めて自己主張をしたのである。

それは夫である高倉上皇が危篤の状態にあった時のこと。平氏打倒の動きの陰に後白河法皇がいることを承知していた清盛は、徳子を後白河法皇に差し出すことを思いつき、母時子もその計略に賛成したのである。だが徳子は養父である後白河法皇の後宮に入ることを断固として拒み、憤って出家を望んだ。

ほどなくして清盛が他界したため、徳子はこの窮地を逃れることができたが、次にはさらなる試練が待っていた。平家一門とともに西海に逃れ、壇ノ浦へと至ったが、平家一門と運命をともにすることかなわず、滅亡の後を生き永らえることになる。母時子が安徳天皇を抱いて壇ノ浦に身を投じたのに続き、自らも入水したものの、あとを追ってきた源氏の熊手が髪にかかり、引き揚げられてしまったのだ。

我が子である安徳天皇の死を間近に見ながら生き延びた徳子は、京都へ送られ、東山の麓の吉田付近で出家、真如覚と号する。そして、大原の寂光院《じゃっこういん》に移り、我が子、夫、平家一門の菩提を弔い、隠棲《いんせい》のままに余生を過ごした。源頼朝は平宗盛の旧領摂津国真井・島屋を生活の糧として贈るが、絶頂期との暮らしの落差は比べようもない。五十九歳で没し、寂光院裏山の大原西陵に葬られた。

徳子は悲嘆にくれながらも、親子、夫婦の契りで結ばれた人々の冥福を祈るため、救われた後は恥をしのんで生き続けることを選んだ。運命に弄ばれ続けた彼女は、深い悲しみのうちに自らの行く道を自らの意思で決めたのである。

文治二（一一八六）年、寂光院を訪ねてきた後白河法皇に問われた徳子は、都落ちから一門入水、その後の決意を涙ながらに語った。その悲痛な思いは、後白河法皇に自身が平氏を追い込む一翼を担った過去を忘れさせ、その目頭を熱くさせた。

そのくだりは、『平家物語』灌頂《かんじょう》巻の名文で知られている。

大人の都合に抵抗した子供たちの戦い！ 鎌倉脱出を実行した源義仲の息子・義高

源平合戦において一応の勝者となったのは、源氏の棟梁だった源頼朝である。だが、全盛だった平氏の勢いを削ぎ落として京から駆逐してしまった功労者は誰かというと、当時は東国にいて命令を発していただけの頼朝より、破竹の勢いで勝ち進んでいった源氏方武将木曾義仲に軍配が上がるであろう。

治承四（一一八〇）年に、「平氏討つべし」という以仁王の令旨を受領したことを受け、木曾谷で挙兵した義仲は、緒戦は平氏の家人である笠原頼信を信濃国（現・長野県）の市原で撃破。

その後も、小勢ながら機略に富んだ戦いで快進撃を続け、頼朝軍とは別に日本海側のルートから京を目指していった。そして、短期間のうちに京の都に入洛。平家一門を都落ちに追い込んだのである。

当初、義仲を歓迎した京の公家たちであったが、やがて義仲の専横ぶりが鼻につきはじめ、義仲の兵士たちが京で狼藉を働き続けたことで、評判は地に墜ちることになった。やがて義仲は朝廷の意向を受けて頼朝が派遣した義仲追討軍に敗れ、寿永三（一一八四）年、近江国（現・滋賀県）の粟津《あわづ》という場所で死を迎える。

こうした義仲の最期を受け、その処遇が問題になった人物が頼朝の本拠地鎌倉にいた。義仲の長男である清水冠者義高《しみずのかじゃよしたか》である。父義仲が戦死した時、わずか十二歳であった彼は人質として頼朝のもとに送られていたのである。

義仲が倒れた今、十二歳とはいえ、将来義高が成長して父の仇として頼朝を襲う危険は十分にあった。そんな危険因子を早めに取り除くことは、当然の予防策。だが、頼朝は義高殺害をなかなか命令しなかった。いや、できなかったというほうが正しいであろう。

頼朝をためらわせた唯一の理由こそ、義高が自分の可愛い長女大姫《おおひめ》の許婚者だったという点にある。

寿永元（一一八二）年のこと、「義仲が平氏と結ぶ動きがある」という情報が頼朝に伝わったことで従兄弟同士の間柄にあった義仲と頼朝の関係は一気に悪化。怒った頼朝は、十万の大軍を信濃国に派遣し、義仲を討とうとさえしていた。この時、和議を申し入れた義仲は、長男の義高を、当時まだ六歳くらいであった頼朝の長女大姫と結婚させる約束をし、鎌倉の頼朝のもとに預ける。実質的な人質の提供であった。

頼朝はこれを受け入れるものの、計算違いが起こる。将来の夫として、本当に大姫が義高を慕ってしまったのだ。ひたすら義高を心配する大姫の知らせを妻の政子から聞いていた頼朝は、なかなか決断できずにいたのである。

しかし、義仲の死から三か月後、頼朝はついに苦渋の決断を下す。

だが、その命令は大姫のもとにも漏れ伝わることになってしまった。これを聞いた幼い大姫は、重大な決意をする。将来の夫と慕い続けてきた義高を脱出させようとしたのだ。姫は女官たちに命令して、義高を女装させたうえで、側近の海野幸氏《うんのゆきうじ》とともに鎌倉から脱出させたのである。

とはいえ、義高の供をした海野幸氏もまだ子供。幼い子供たちだけでこの脱出劇を画策したというのは実にけなげなことといえよう。大人の都合に対して見せた精一杯の抵抗である。

なんとか無事に屋敷から脱出することには成功したものの、すぐに露見して追討軍が組織された。そして、義高たちは入間河原で斬られ、その命を散らしたのである。

大姫は義高死すの訃報に接して悲嘆し、やがて鬱状態に陥る。その後も大姫の鬱症状は改善されることなく、二十歳を迎える前に薄幸の生涯を閉じている。

そんなつもりじゃないのに！ 励ましの言葉が命取りになった蒲冠者源範頼

源頼朝の弟といえば真っ先に浮かぶのが義経だが、もう一人範頼《のりより》の存在も忘れてはならない。源義朝の六男であり、母は遠江池田宿の遊女。義経にとっては兄にあたる人物だ。蒲御厨《かばのみくりや》で生を受けたことから、蒲冠者《かばのかじゃ》と呼ばれる。

頼朝が挙兵すると、範頼はこの兄に従い、武将として奮闘した。義経とともに木曾義仲を破り、一ノ谷の戦いで平氏を討つと三河守となり、さらに平氏追討のため中国から九州まで遠征している。

歴戦の武将であるにもかかわらず知名度が低いのは、やはり弟義経の華々しい活躍があったからであろう。

天才的な閃《ひらめ》きでもって鮮やかな勝利を収める義経に対し、範頼の戦い方は派手さには欠けるが、堅実なものだった。これでは範頼の影が薄くなってしまうのも無理

はない。それでも頼朝は、平氏追討において範頼を最後まで用い続けているのだから、信頼は厚かったといえよう。

性格も温厚で、兄に逆らうことなく、常に従順であり続けた。だが、そんな範頼も兄の意向に従わなかったことがある。奥州に送る義経追討軍の総大将に指名された時だ。範頼は才気あふれる弟・義経を妬みそねむようなタイプではなく、好ましく思っていたらしい。総大将への任命をかたくなに固辞している。

とはいえ、頼朝に逆らうつもりなど毛頭なかった彼は、この一件の後、「義経のような真似はするな」と脅されると、慌てて忠誠を誓う起請文を届けている。

こうしてみると、範頼が頼朝の脅威に

はなりえなかったといえよう。ところが、結局のところ範頼も頼朝によって破滅へと追い込まれてしまうのだ。

範頼の失敗は、緊急事態を告げる知らせを受けて、少々軽率な言動を取ったところにあった。建久四（一一九三）年五月二十八日、曾我《そが》祐成《すけなり》・時致《ときむね》の騒動に際してのことである。

この事件は頼朝が富士山麓で狩りを催した時に起こった。頼朝の寵臣である工藤《くどう》祐経《すけつね》に父を殺された曾我兄弟が、狩場に忍び込んで仇討ちを決行したのである。もちろん頼朝も狩場にいるから、現場は大混乱となり、安否情報は錯綜した。結局頼朝は難を逃れたのだが、鎌倉には誤報が流れてしまう。頼朝が殺されたというのだ。

留守居役を務めていた範頼は、頼朝の妻・北条政子のところへ駆けつけて、励ましの言葉をかけた。

「大丈夫です。兄に何事が起きても、私がおりますからご安心ください」

範頼としては政子を力づけるつもりだったのだろうが、これが命取りとなる。政子は額面通りに受け取ってはくれなかったのだ。政子がどのような伝え方をしたのかは明らかではないが、話を聞いた頼朝は、自分に取って代わるつもりなのかと猜疑心を抱くようになった。

範頼はこれに気づいて再び起請文を差し入れたが、今度は頼朝の疑いを晴らすことはかなわない。

同年八月、範頼は捕えられ、伊豆の修善寺《しゆぜんじ》に幽閉された。さらに頼朝は梶原景時率いる兵を送り込み、とどめを刺す。これに対して範頼は反撃したものの、武運つたなく敗れ、屋敷に火を放って死んだといわれている。

ただし、範頼は修善寺で命を落とすことなく、逃げ延びたとする説もある。その証として挙げられるのが、『吾妻鏡《あづまかがみ》』に範頼が死んだという記述がないことである。現在の埼玉県比企郡吉見町の安楽寺で余生を送ったとする説、舟で横須賀に落ち延びたとする説、ひいては愛媛に渡ったとする説もある。

頼朝の手で歴史の表舞台から抹殺されたことは確かだが、義経と同じように謎めいた最期を持つ人物だ。

死出の旅路は正妻と！ 義経と運命をともにした正妻・河越重頼女

静御前ばかりにスポットライトが当たることもあって、静御前が義経の正妻と勘違いしている人が少なくない。だが、静御前はあくまで妾《めかけ》である。白拍子《しらびょうし》という身分ゆえに、清和源氏の由緒正しい武将の家柄である義経の妻としては、正式には認められるわけにはいかなかったのだ。当時は結婚も出世や政争の道具として利用されていたこともあって、義経にも正妻が用意されていた。それが河越重頼女《かわごえしげよりのむすめ》である。

正妻の父である河越重頼は、武蔵国の有力武士だった。頼朝は彼の妻が頼朝の乳母である比企局《ひきのつぼね》の娘であったことから、義経の正妻としてふさわしい女性と判断したようだ。地盤を固める際、頼朝は伊豆配流時代から忠誠を尽くしてくれた関係者を重用している。彼らは後に御家人となって、頼朝が開いた鎌倉幕府を支えることになっていくのだが、その陰にはこうした頼朝の血縁関係づくりも作用して働いたようだ。

義経にとって、正妻となる河越重頼女は政略結婚の相手でしかなかった。義経は結婚前にこの女性と面識すらなかったに違いない。

二人の婚姻が決定したのは、寿永三（一一八四）年のことだ。この時、義経は源平合戦の真っ只中に身を投じており、ちょうど木曾義仲を討ち破り、宇治から京へと入京した頃だった。

だが、当時の武将にとって、たとえ知り合いではなくとも、素性のはっきりした女性を正妻に迎えることは珍しいことではなかった。ましてや、純情素朴で兄頼朝を信頼している義経は、河越重頼女に不満を持つこともなく妻に迎えている。

河越重頼女も正妻として、義経に尽くしたようで、二人の間には女の子が誕生している。

しかし義経はその後、頼朝から煙たがられる存在となってしまい、最後には慕っていた兄頼朝から追討軍を送られることになったのは史実に語られるところだ。義経は奥州《おうしゅう》の藤原秀衡《ふじわらのひでひら》を頼って落ち延びていくことになるのだが、この時、足手まといになるにもかかわらず、河越重頼女と娘を伴っている。これが、河越重頼女にとって悲劇的な結果を招くことになった。

とはいえ、義経は静御前と別れても正妻だけは死出の供とした。推測に過ぎないが、結局義経が最も必要としたのは正妻だったのかもしれない。

義経討伐に飽くなき執念を燃やした頼朝は、義経を保護していた藤原秀衡が死んだことを契機に、義経追討策に力を入れていく。その圧力に屈した結果、藤原秀衡の息子である藤原泰衡《やすひら》が義経を裏切り、文治五（一一八九）年四月三十日、義経が潜んでいた館を急襲する。義経は奮戦したものの、これ以上は無駄と悟る。その際、傍に置いていた妻と娘を憐れに思い、自らの手で殺害した後、自害して果てたといわれている。河越重頼女からすると、政略結婚を提案してきた頼朝によって、自らの一生を絶たれたことになるわけで、なんとも不幸な生涯だったということができよう。また、義経の舅となった河越重頼も、義経追討の後、所領を没収、そして誅殺されるという憂き目に遭っている。このあたりの非情な徹底ぶりは、頼朝を頼朝たらしめているところであろう。

ところで河越重頼女とは別に、もう一人義経に娶《めと》られた女性がいる。それが平《たいらの》時忠《ときただ》の娘である。彼女が義経のもとへと嫁いだのは、正妻の河越重頼女が鎌倉から京の義経のもとへと向かったのと同じ年である。これも政略結婚の一環であった。

父親の平時忠は、清盛の義理の兄にあたる人物で、平家全盛時代に言い放った、「平家にあらざれば、人にあらず」という言葉が有名だ。源氏にとって宿敵にあたる人物である。

そんな平時忠の娘が義経のもとへと嫁ぐことになった理由は、平氏の都落ちに帯同していた時忠が、壇ノ浦の戦いの後に捕まったことが関係していた。処刑を恐れた時忠は、後白河法皇に自分の身の安全を保証してもらうよう画策したが、その一環として娘を義経に差し出すことを申し出ていたのである。これが認められたために、源氏の男子と平氏の女子が結びついたのだった。純情素朴な義経は、この女性も鷹揚《おうよう》に受け入れている。

今をときめく義経の義父となった平時忠は、その保身が奏功したのか死を免れ、能登地方へと配流処分で済んだ。そして、都に帰る日を夢見つつ能登で没している。

眉間に残る八寸釘の跡！ 味方に裏切られ晒し首となった藤原泰衡

源平時代の英雄源義経の生涯をたどってみると、奥州藤原氏との関係を抜きにして語ることはできない。鞍馬山《くらまやま》から抜け出した義経を引き取り、青年武将として颯爽と登場するまで、義経を奥州平泉で育んだのは当時の奥州藤原氏の総帥である藤原秀衡だった。そして、源平の戦いで戦功を打ち立てたにもかかわらず、兄である源頼朝から追討されることになった時、義経が頼ったのも藤原秀衡である。逃げこむ先は奥州藤原氏のみと考えた頼朝は、盛んに義経を差し出せと催促し、重圧をかけた。だが、義経を我が子のように思う秀衡は、頼朝の要求に屈服することはなかった。そして、死ぬ間際には自分の実の子供たちを集め、義経を奥州軍団の大将軍とし、一族が政務に励んで奥州平泉で花咲かせた藤原氏の繁栄を保つよう言明して世を去っていく。それほど、秀衡は義経の器量を高く買っていたのである。

しかし、義経の大きな後ろ盾となっていた秀衡の死が、義経の運命と藤原氏一族の運命を大きく変えることになってしまう。このなかで、重要な働きをしたのが、秀衡の跡を継いだ泰衡だった。

秀衡の跡を継いだことから、藤原泰衡は長男だと勘違いされやすい。だが、長兄には国衡《くにひら》がおり、泰衡は次男である。ただし、泰衡は正妻の子であったことも考慮し、家督を相続することとなったのである。

秀衡の死後ともなると、鎌倉からは義経を差し出せとの圧力は強まっていく。泰衡はこれに耐えきることができなかった。もともと、秀衡が義経を中心として結束せよという遺言を残したのは、息子たち兄弟の折り合いがよくなかったことも考慮してのことであった。だが、泰衡や国衡の心の中には、血を分けた我が子を差しおいて、義経を将軍の座に据えろという父親の遺言には承服しがたい面もあったのであろう。この不満が泰衡のなかでは大きくなっていた。

時として義経をないがしろにする泰衡の方針に、兄弟の間で亀裂が生じていく。父親の遺言を守り、義経中心に固まるべきだという意見の持ち主は三男の藤原忠衡《ただひら》だった。そのため、新たな総師となった泰衡のいうことをなかなか聞こうとしない。

こうした兄弟間のひずみも、泰衡にとって義経を疎ましく思う一因となっていった。義経を討てば、奥州藤原氏の総師としての面子《メンツ》を保つことができ、その上、今や武家社会全体の総師となった源頼朝を満足させることもできる。一石二鳥だと考えた泰衡は、文治五（一一八九）年、ついに父親の命に背く。三月二日に義経を追討するという奏文を頼朝に出し、義経追討の動きに出る。この時、兄の国衡は泰衡に同調したが、弟の忠衡はあくまで反対の立場を取った。そして、閏四月三十日に義経の一行を衣川《ころもがわ》の館で討ち倒し、義経は自害して生涯を閉じることとなった。

泰衡は同じ時期に自分に反目した弟の忠衡も攻めこんで殺害している。藤原氏存続のためには、一族のなかに不満分子を残しておくことは危険だと考えたからである。

藤原泰衡が義経を倒したという報は、頼朝にとってはまさに朗報だった。奥州制圧の最大の障害だった戦の天才義経はもういないのである。

頼朝は義経をかくまう藤原氏追討の許可を京の朝廷にしきりに願い出ていたが、これ以上頼朝の権力が増大するのを食いとめたいと考えた朝廷は、藤原氏追討の宣旨を出さず頼朝を苛立たせていた。頼朝には義経を倒すという目的とともに、奥州藤原氏もそれに乗じて滅亡させ、自身の権力基盤をより強固なものにしようという狙いがあったのだ。

義経死すの知らせを聞いた頼朝は、今こそ奥州制圧の絶好の機会とばかりに朝廷の意向を無視。自ら大軍を率いて平泉へと向かう。

驚いたのは頼朝の意向に沿って義経を倒したはずの泰衡だった。頼朝のもとへ義経の首を検分のために届け出ると、今度は罪人をかくまっていたと、藤原氏への攻撃を開始することを宣言したからである。予想外の展開に、防御を整えていなかった藤原氏の本拠奥州平泉は、あっという間に陥落する。頼朝に対する降伏も拒否され、泰衡はほうほうのていで逃げ出すことがやっとだった。

泰衡はその後、家臣だった河田次郎が警護していた肥内郡贄柵《にえのさく》（現・秋田県鹿角郡）へと逃げこむ。ここから北海道へと脱出する計画を立てていたのだが、河田次郎が裏切り、泰衡を殺害してしまう。文治五（一一八九）年九月三日のことだった。泰衡三十五歳だった。泰衡の死は、中尊寺金色堂をはじめとする華麗な文化を作り上げた奥州藤原氏の滅亡を意味していた。

裏切り者の河田次郎によって届けられた泰衡の首は、特別な処理が施されることになった。かつて奥州の実力者だった安倍貞任《あべのさだとう》を源頼義が前九年の役で打ち倒した時の処理と同じ方法を採用するよう、頼朝が指示を出したのである。それは八寸という大きな鉄釘を打ちこみ晒すという、なんとも残酷な方法だった。この儀式を行うことにより、頼朝は源氏が代々宿願としてきた奥州制圧の達成を周囲の人々に知らしめたのだと考えられている。

とはいえ、八寸の鉄釘を人体に打ちこむ処理が行われたことなど、信じられないと思う人がいるかもしれない。しかし、これは間違えようのない事実である。現在も多くの観光客が訪れる中尊寺金色堂の中には、この藤原泰衡のミイラ化した頭が安置されている。その眉間から後頭部にかけては、直径約一・五センチほどの貫通した孔が開いているのだ。

ところで、泰衡を裏切って殺害し、その首を頼朝のもとへと届けた河田次郎であるが、検分の後、主君を裏切ったことを頼朝になじられ、ただちに斬って捨てられている。この処刑が、首になっても無惨な扱いを受けた泰衡の無念を、わずかにでも慰めているといえようか。

親バカ頼朝に甘やかされた末の二代将軍頼家の転落人生

武家政権を樹立することに成功した源頼朝は、鎌倉に幕府を開く前から朝廷と距離を置くなど、万事慎重に物事を進めていった。当時の皇室関係者が煌《きら》びやかで派手な遊びぶりを謳歌していたのとは対照的に、武士らしい質実剛健を旨とする生活を送り、政権の安定に努めている。

時には、味方であっても自分を脅かす存在は無情にも斬り捨て、この世から抹消してしまうなど、冷淡でとっつきにくい人間であるようにも思える。

だが、そんな頼朝も人々が持つ一般的なイメージとは、ちょっとずれた素顔を見せたこともあったようだ。なかでも、自分の跡を継ぐことになる男子が妻・政子と

の間に生まれた時は、大変な親バカぶりを発揮している。

のちに二代目の将軍となる頼家が誕生したのは、寿永元（一一八二）年のこと。ちょうど伊豆で挙兵した頼朝を中心とする源氏軍が、富士川の戦いで平氏の軍を打ち破った頃のことで、お家再興を願う源頼朝にとって跡継ぎの誕生はたいそう嬉しいものだったに違いない。万寿《まんじゅ》と幼名をつけられた男の子を、頼朝は自分の世継ぎとして期待をかけていく。

源氏の次期大将として期待を一身に受けた万寿は、父親の期待にたがわぬ器の持ち主に見えた。幼い頃から体格もよく、武士として立派な体格に成長することを見込むことができた。そのうえ、武芸にも一生懸命励む聞き分けのよい子供だったこともあって、頼朝をさらに喜ばせることになった。

万寿が十二歳の時のエピソードに次のようなものがある。

万寿は大人たちとともに、初めて巻狩に参加することになった。すると、万寿が見事に鹿を射止めた。この報を聞いた頼朝はたいそう喜び、早速万寿初の偉業を祝おうと祝宴を催したという。加えて、よほど嬉しかったのであろう、頼朝は万寿の活躍ぶりを鎌倉で留守を守る政子に使いを走らせて知らせている。

だが頼朝の手放しの喜びようとは対照的な反応を見せたのが妻の政子だった。初めての狩りで鹿を仕留めたという報に接して、政子は武将の子が狩りに出て獲物を仕留めるのは当たり前のことと受け流したという。

この長男に対し、政権を安定させ、自分の身を確かなものとしていく器量を求めるのだとすれば、むしろ頼朝の態度のほうが行き過ぎだったのかもしれない。

果たして、頼朝の親バカぶりとそれに伴う期待に万寿は応えることができたのか。答えは否というほうが正しい。

正治元（一一九九）年の頼朝の死を受けて、さっそく万寿は頼家《よりいえ》と名乗り、二代目の将軍の地位を引き継ぐ。しかし、自分のお気に入りの者しか周囲に寄せつけないなど、わがままな態度を示すようになり、政子の心配は現実のものとなる。頼朝が武家政権を樹立できた背景には、有力な武将を御家人として厚遇し、それをバランスよく配置させるという慎重な人事が好影響を与えていた。しかし、甘やかされ育った頼家は、そんな指導者としての資質を伸ばすことのできないままに成長してしまっていたのである。

なかでも政子が心配したのは、頼家が自分の乳母の一族である比企氏を重用しようとしたことだ。そうすることで、政子の実家である北条氏の地位が比企氏によって脅かされることになるのを、頼家は考えることもなかった。

政子の心配はやがて現実のものとなっていく。頼家に対する評価が、御家人の間で悪化し、それに反比例するかのように比企氏は勢力を伸ばしていく。

ついに頼家は実の母親政子によって、厳しい決断を下されることとなった。政子は頼家に将軍失格の烙印を押すことを密かに決めたのである。建仁三（一二〇三）年、頼家が急病で病の床に倒れたのを絶好の機会に、政子は父親の北条《ほうじょう》時政《ときまさ》らと謀って頼家の後ろ盾である比企氏を討伐。さらに比企氏とともに北条氏排斥を謀っていたことを理由に、頼家は将軍の地位から引きずりおろされたあげく、出家させられてしまう。そしてほどなく、政子の放った刺客の手によって、伊豆の修善寺で斬られて没することになる。わずか二十二年の人生だった。

源氏の世に生きることを許されなかった平氏最後の直系六代

壇ノ浦の戦いで死を選んだ平氏の人々は人の憐れみを呼ぶが、ここで生き残った者たちもいる。だが、生き残るという幸運に恵まれたとしても、総じてその末路は厳しい現実に直面した人たちが多い。六代もそんな悲しい末路を歩んだ一人である。平の姓がつかない六代という名前から、平氏一族に連なる人間と連想しにくい人がいるかもしれない。だが、六代はれっきとした平家の嫡流の系図に位置している。六代の父は平維盛《これもり》。維盛の父重盛《しげもり》は平清盛の嫡男であるから、平家本流の血が、六代に流れていることになる。

六代は平維盛と藤原成親女《ふじわらのなりちかのむすめ》の間に嫡男として生を受けた。この段階では清盛の娘である徳子が中宮となるなど、平氏の勢力は衰えるどころか絶頂期を迎えている時代であり、六代には輝かしい未来が待ちうけているはずであった。

ところが、そんな六代の前途に暗雲がたちこめるようになったのは、彼がまだ四歳の時、つまり治承元（一一七七）年に起こった鹿ヶ谷《ししがたに》事件だった。清盛暗殺を目論もうとしたかどで、六代にとって母方の祖父にあたる藤原成親が処刑されてしまう。この事件によって、父親の維盛および六代には平家一門から冷たい視線が浴びせられるようになってしまった。

さらに悪いことは重なる。父・維盛は源氏との相次ぐ合戦で総大将に任ぜられながら大敗を繰り返し、嫡流としての面目を失っていく。義父の謀反の企てに決まりも悪かったのだろう。維盛は寿永二（一一八三）年に平氏がとうとう都落ちする際には、妻と六代を都に残したまま西下。那智にて入水したと伝えられているから、六代にとってこれが父との永遠の別れとなった。

その後、六代は母や妹らとともに京都の大覚寺北菖蒲沢に隠れ住む。しかし、元暦二（一一八五）年に壇ノ浦の戦いで平氏が敗れて滅亡すると、京の都でも一族郎党の掃討作戦が展開された。六代も例外ではなく、北条時政の隊に捕えられ、鎌倉へと送られていった。

通常ならば、六代を待ち受けているのは即、死以外にはない。事実、六代を斬ることは決定済みだった。だが、ここで六代を救った男がいた。頼朝の伊豆配流時代から知己を得て、信頼を寄せられていた僧文覚《もんがく》である。

人情に厚い文覚はこうした幼い子供が戦乱の犠牲になるのを嫌ったのか、六代の助命のために奔走。これが功を奏して六代は赦免を勝ち取り、文覚に預けられることで生き永らえることとなった。ここで六代は剃髪して出家。名を妙覚と変え、仏道の修行に入ることとなった。鎌倉では頼朝に召され、改めて謀反の心得がないことを誓約した妙覚の様子を、頼朝も嘘偽りのない本心だと判断。ここに晴れて六代の命は保証されることとなったのである。建久五（一一九四）年のことだ。

だが、時代は六代改め妙覚の人生を安泰なものとはしてくれなかった。建久九（一一九八）年、師の文覚が皇位を巡って画策したことで捕えられ、流罪に処せられる。この時、妙覚は文覚の画策に参加することなく、日本各地の寺を巡って修行に励んでいた。だが、師の罪は弟子の責任とされ、京都に帰ったところを検非違使安倍資兼に捕えられる。そしてやはり頼朝としても生かしておくつもりはなかったのか、鎌倉に送られた後、すぐに斬首となり、わずか二十六歳の生涯を終えた。

六代の生涯を振り返ってみると、彼自身は何ら源氏勢力に抵抗したこともなく、新政権の転覆を企てたわけでもないことが一目瞭然だ。ただ平氏の嫡流に生まれただけである。しかし、平家の象徴的存在という立場が、源氏の世に生きることを妨げた。これも源平合戦が生んだ悲劇といえよう。

◆コラム◆ 源頼朝の石橋山からの敗走を助けた土肥実平の実像と末裔

源頼朝は幾多の困難をくぐり抜けて鎌倉幕府を建てたが、必死の覚悟で仕えた武将たちの存在なくしては宿願達成もかなわなかったであろう。

伊豆に流されていた頼朝が、打倒平氏の狼煙《のろし》を上げ、石橋山で敗北を喫した時、不可能とも思われた逃避行を可能にしたのが土肥実平《どひさねひら》である。前後を大軍に挟まれた状況から脱出し、くまなく伸びた平氏方の手から免れることは、頼朝の強運だけではなしがたい。実平の活躍があってこそ、討ち取られずに鎌倉へ至る道を進むことができたといえる。

実平は相模国足柄郡中村郷の荘官宗平の子で、足柄郡の土肥郷を領し、土肥次郎と称していた。一族は桓武平氏の血脈を継ぐ坂東平氏の流れといわれ、高望王の子平良《よし》文《ぶみ》の子孫にあたる。実平の生没年は定かではないが、逃避行の当時は古希七十歳に近い年齢であったという。幼い頃から知り尽くした地形とはいえ、豪雨のなか、道なき道を先頭に立って案内したのだから、まさに超人的な活躍である。

治承四（一一八〇）年に頼朝が挙兵すると、実平をはじめとする一族はほぼ残らず馳せ参じた。実平の子遠平、実平の弟宗遠、妹婿で三浦義明《みうらよしあき》の弟岡崎義実《おかざきよしざね》らである。

八月二十三日、石橋山に布陣した頼朝勢は、平家方の大庭景親の三千の軍勢と相対していた。背後には三百の敵勢が回っており、三浦氏の援軍は豪雨のために酒匂川を渡れないという危機的状況である。頼朝の本隊も夜襲を受けて奮戦したものの、ついには敗走を余儀なくされた。

こうして険しい山中の逃避行が始まる。あまりに困難な道中であり、実平は途中で自分が頼朝をかくまうと断言して諸将を解散させ、常に頼朝の傍にあった北条時政でさえも一時は別行動を取っている。時には一、二名ずつでなければ通れないほど狭い谷間の道も進んだらしい。大木の空洞や岩屋に身を潜めながら、追手を逃れ、二十八日にはついに真鶴岬に到達。岩の浦から安房へ向けて船出した。

実平が脱出劇をいかにして実現させえたのかについて、修験者との結びつきを指摘する声もある。修験者とは山岳信仰を行い、山岳に入って修行を行う者たちのことだ。当然、山の地理に詳しい。そうした助けなしに北条時政が岩屋で再び合流したり、実平の妻の差し入れが届いたりするのは不可能と考えられよう。

頼朝は火急の事態に実平に存亡を託し、実平はそれに応じてみごと道を開いた。したがって、頼朝がその後も実平に厚い信頼を置いたのは当然といえる。

実平は木曾義仲追討や一ノ谷の戦いにも加わり、平氏滅亡後の播磨、美作、備前、備中、備後の惣追捕使に任ぜられた。以降は高齢を理由に自領に留まり、鎌倉における幕府草創期からの重臣の粛正にも巻き込まれることはなく、その生涯を終える。

頼朝の猜疑心・北条氏の策略が巻き起こした粛清の嵐をくぐりぬけた実平。その血筋は、時を下って中国地方の戦国大名小早川氏に受け継がれた。その祖は実平の子遠平だとされている。

第四章

武士の誇りを捨てなかった！
あの人の生き方

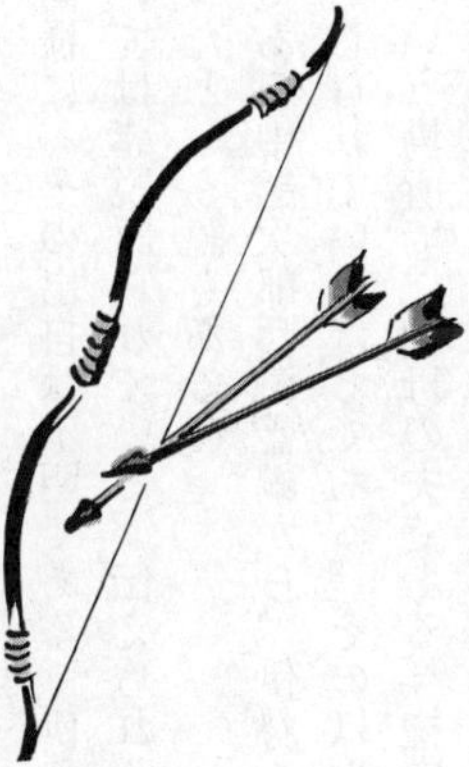

鈴鹿山で奮戦！ 義経の頼れる郎党・伊勢義盛が迎えた壮絶な最期

源義経は戦いにおいて天才的な閃きが浮かんだ武将である。だが、それも優秀な戦闘員を抱えていないと実行に移しても成功に導くことはできない。そういう意味で、義経のもとには数多くの優秀な人物たちが揃っていたということができる。

郎党の一人、伊勢《いせ》三郎義盛《さぶろうよしもり》も義経軍団を代表する戦う男だった。数多くの戦功をたて、俗に「義経四天王」の一人とまでいわれた。

だが、伊勢義盛もほかの義経の郎党たちと同様に、その出自は不明である。伊勢国の出身だったといわれているが、素性については諸説語られている。伝えられる顔つきや戦法の特徴などから、悪党の出身だったという説もある。

実際、屋島の戦いにおいて、平氏方の武士である中越《なかごし》次郎《じろう》兵衛《べえ》盛嗣《もりつぐ》から、伊勢の鈴鹿山で山賊を働いて妻子を養っていたとののしられているほどである。そのほかにも、『源平盛衰記《げんぺいじょうすいき》』では伊勢のあたたけ山という場所で、伯母の夫である与権守という人物を殺したために投獄されて、罷免後に東国で暮らしていたとされている。一方、『義経記《ぎけいき》』では父親は神主であったのに人を殺《あや》めてしまい、上野国へと流された際にその地の女性を娶って産ませた子が伊勢義盛だったとしている。いずれも低い身分の人間であることを示唆していよう。

出自の話はこれまでとして、ともかく、義経の軍団に加わった伊勢義盛は目覚しい活躍をする。屋島の戦いにおいては、平氏方の三千騎の軍団に対して、わずか十三騎で対峙。数の不利をはね除け、言葉巧みに敵を籠絡。無血のまま敵の武装を解除させるという離れ業を演じている。続く壇ノ浦の戦いに際して、平氏の総大将・平宗盛《たいらのむねもり》を生け捕りにしたのも伊勢義盛だった。まさに、弁慶などと並び、義経四天王の一人といわれるのにふさわしい活躍ぶりである。

そんな義盛は源平合戦の活躍が認められたのか、壇ノ浦の戦い後、生け捕りにした宗盛・清宗父子を連れて凱旋した際、土肥次郎実平《どひじろうさねひら》とともに宗盛父子の乗った八乗車の護衛を担当している。土肥実平といえば頼朝配下の有力御家人だ。そのような人物と肩を並べて歩くとはかなりの厚遇といえよう。

その一方で、些細なことで頼朝の妹の婿である一条能保《いちじょうよしやす》という人物と争ってしまい、頼朝と義経の関係を悪化させたといわれるように、多少思慮に欠ける面もうかがわせる。

頼朝が義経およびその一派の追討を決定すると、当然、伊勢義盛も捕えるべき人物の一人となっていた。この後の伊勢義盛の運命に関しても諸説入り乱れて伝えられている。

ひとつは、義経とともに都落ちした後、一行とは別れて故郷の伊勢に帰ったという話だ。帰国したものの、伊勢の守護に任じられていた首藤四郎の討伐隊に追われ、鈴鹿山にこもって抵抗したものの最後は自害して果てたといわれている。伊勢国というと、現在の三重県になる。四日市市の西福寺には、現在も伊勢義盛の墓や供養塔が残されており、最も信憑性の高い説となっている。

だが、有能な武将であった伊勢義盛ゆえに、別の説には修験者たちに交じって匿《かくま》われて追手から逃れたという説や、奥州まで義経と行動をともにし、衣川の戦いで討ち死にしたという説も残されている。謎の多い人物ではあるが、その優れた武者ぶりと彼特有の人間臭さをもって義経の魅力を引きたてる存在として人気の高い人物でもある。

口は災いのもと？　告げ口で身を滅ぼした頼朝の忠臣・梶原景時

源義経のファンにとって梶原景時《かじわらのかげとき》は忌まわしい人物に違いない。讒言《ざんげん》によって英雄義経を失脚させた悪人と映るだろう。

一方、源頼朝の側にしてみれば、命の恩人にして腹心である。治承四（一一八〇）年、石橋山の戦いに敗れ、岩屋に身を隠していた頼朝を発見した景時は、平氏方という立場にもかかわらず、あえて見逃し、窮地から救ったことで知られている。翌年から頼朝に仕えるようになり、侍所別当《さむらいどころべっとう》まで務めた。その後は頼朝だけに忠節を捧げて絶大な信任を得、その手足となって活躍した人物である。

しかし、景時は頼朝に忠実なあまり、ほかの御家人の言動をこと細かく注進に及んでおり、それゆえに恨みも買っていたことは否めない。主君の意を汲んで行動し、命じられたことは巧みに処理する有能な家臣だが、周囲からは〝頼朝の走狗〟と嫌われていたのである。

そうした状況を考えると、頼朝亡き後の末路は自ずと見えてくる。

景時が失脚したのは、正治元（一一九九）年。頼朝が他界した年であり、一年と経たないうちに鎌倉を追われる身となった。
そのきっかけは結城朝光《ゆうきともみつ》と小山政光《こやままさみつ》がかわした会話を頼家に讒訴《ざんそ》したことだった。二人が頼朝をしのび、「忠臣、二君に仕えず」の言を挙げて、出家遁世《とんせい》したほうがよかったかと話していたものを、謀反の企てだと糾弾したのである。どうやら景時は、二代将軍頼家にも同じやり方で忠義を尽くそうとしたらしい。
驚いた朝光がほかの御家人に相談し、その結果として景時は有力御家人六十六人から弾劾を受けることになった。頼朝がいなくなり、かねてからの反感や恨みが噴出したのだ。独裁色の強かった頼朝の時代とは異なり、頼家の治世では将軍一人の権力でもって景時をかばうこともできなかった。

排斥された景時は、所領の相模《さがみ》国一宮に籠ったが、年が明けると一族を連れて京へと向かう。武田有義を将軍に擁して新政権を打ち立てようとしたためだといわれている。

だがその一念発起の企ては虚しく散った。駿河国清見関《きよみがせき》までできたところで、おそらく幕府の命を受けたであろう武士が集まっているところに遭遇し、一族もろとも討たれてしまったのである。

景時はかつて頼朝の将来を信じて窮地を救った。そこには先見の明がうかがわれるし、命の恩人であることをひけらかさず真摯に仕えたのも才気のなせる業だろう。恩を売るような真似をしていたら、頼朝との強い信頼関係は生まれなかったはずだ。そんな景時も独裁的な〝頼朝後〟に起こる情勢の変化を見通すことはできなかった。御家人の監視を行うという、かつてと同じような仕え方をしようとして自らの首を絞めてしまったのである。

牧の方の陰謀の前に散った 鎌倉武士の鑑・畠山重忠

鎌倉幕府草創から活躍した有力御家人は、源頼朝の没後、北条一族により次々と粛清されていった。鎌倉武士の鑑と称えられ、大力の持ち主としても多くの逸話を残した畠山重忠《はたけやましげただ》とて例外ではなかった。

重忠は武蔵国秩父を本拠とする豪族の家系で、男衾郡の畠山荘を領して畠山氏を称した重能《しげよし》と三浦義明《みうらよしあき》の娘の間に生まれた。妻は北条時政《ほうじょうときまさ》の娘、つまり時政の娘婿である。

後には頼朝の臨終に際して後事を託されるほどの信頼を得るが、頼朝が旗揚げした当初は平氏方についていた。父重能は京で大番役を務めており、十七歳の重忠は平氏の恩に報いようとしたのである。由比ヶ浜で三浦氏の軍と戦ったうえ、武蔵の地侍を集めて三浦一族の衣笠城を攻撃し、祖父にあたる三浦義明を討ち死にさせている。

その後、重忠は五百余騎を率いて頼朝に帰順し、ただちに大軍の先陣を命じられた。畠山の勇名は、逡巡していた相模の武将を源氏方につかせるのに効果的に働いたようである。以降、重忠は頼朝に重用され、木曾義仲《きそよしなか》の討伐、平氏追討に活躍した。一ノ谷の戦いで大力を発揮して愛馬を背負って鵯越《ひよどりごえ》を駆け降りた話や、屋島奇襲の前に梶原景時と義経の争いを制した話など、様々な逸話が語り継がれている。

猜疑心の強い頼朝が重忠に全幅の信頼を置くようになったのは、文治三（一一八七）年に梶原景時の讒言を堂々とはねのけてからといわれる。謀反の風聞が立つのは武士の眉目、自分が頼朝公を主君と仰ぐ心に二つはないと言って、景時の起請文の要求を一蹴し、これを聞いた頼朝をひどく感じ入らせたのである。

頼朝亡き後も源氏に対する忠節は変わらなかったが、政情は大きく変わった。実権を握ろうとする北条時政は、将軍頼家の後ろ盾である比企《ひき》一族を討滅し、頼家を退位させて幽閉、謀殺してしまう。頼家と比企能員《ひきよしかず》の娘若狭局《わかさのつぼね》との子一幡《いちまん》も、比企一族とともに幼い命を奪われた。

重忠は比企一族への攻撃に加わっており、頼朝の嫡流を死なせたことを遺憾に思ったのであろう。それからほどなく、菅谷館に引きこもるようになった。しかし、その行為自体がまたも謀反の噂の元となる。

やがて、重忠は牧《まき》の方《かた》の陰謀により葬られることとなった。牧の方は時政が平氏の時代に大番役として上洛していた折に娶った後妻である。頼朝の浮気を政子に教えて騒動を巻き起こすなど、かねてから混乱を生じさせていた、人騒がせな人物だ。時政との間に生まれた娘を平賀朝雅《ひらがともまさ》に嫁がせており、頼朝の死後、京都守護となったこの娘婿に期待をかけていたという。

牧の方は時政の先妻との娘政子と同じ年頃であり、時政はこの若い後妻に耽溺していたのであろう。彼女の讒言に惑わされ、意のままに動かされるようになってしまう。そして、我が子頼家と孫を失った政子と牧の方の争いは激しさを増し、時政と牧の方、そして政子とその弟義時《よしとき》との対立が深まっていったのである。

畠山一族に対する謀略は、重忠の息子・重保《しげやす》と朝雅との口論がきっかけとなって起きた。元久元（一二〇四）年、三代将軍実朝《さねとも》が藤原信清《ふじわらののぶきよ》の娘を正室とすることが決まり、有力御家人の息子たちが京に迎えに上がった時のことである。重保は酒の席で居丈高《いたけだか》な朝雅をたしなめ、激しい口論に発展してしまった。朝雅はこれを根に持って、畠山は謀反を企てていると牧の方に讒言した。

畠山父子を討つよう、けしかけられた時政は、翌年、政子、義時の反対を押し切って誅殺の命を出す。菅谷館から腰を上げない重忠に鎌倉で謀反が起きたとおびき寄せ、何も知らずに駆けつけた重保を由比ヶ浜で、重忠を二俣川で討ち取ってしまったのである。

重忠は陰謀と息子の死の知らせを聞いても、兵を引こうとしなかった。菅谷へ戻り、決戦に望んだほうがいいという進言を却下し、果敢にも大軍を迎え打って激戦の末に討ち取られた。四十二歳であった。郎党も皆後を追い、自害して果てた。

頼朝の死後、北条氏独裁色が強まる幕府に失望していたのであろう。幕府の忠臣にしては、あまりに理不尽な最期である。

鎌倉幕府の重鎮となるも、北条氏の謀略によって粛清された和田義盛

和田義盛《わだよしもり》は、久安三（一一四七）年、三浦大介義明の孫、義宗の子として生まれた。

彼は、頼朝の挙兵から五日後に三浦一族とともに三浦を発つ。しかし、参向の途中に石橋山の戦いの敗戦の知らせを聞く。その帰路に、当初平氏に従軍していた畠山重忠軍と交戦。衣笠城に陣を構えるが敗戦、ここで義明は命を落とす。義盛は叔

父・義澄や北条氏とともに、海路、安房国に向かい頼朝と合流した。そして義経軍の侍大将として壇ノ浦の戦いで遠矢《とおや》を射るなど、奮戦したと伝えられている。一方、『吾妻鏡《あづまかがみ》』では、範頼軍に従軍して九州に渡ったと記している。まさに縦横無尽、日本を股にかけた活躍である。

しかし、平氏滅亡後も安泰とはいえなかった。幕府内での権力闘争があったからである。頼朝が世を去ると、その跡を継いだのは長子の頼家。しかし、その祖父に当たる時政と実母の政子は、頼家とその後ろ盾の比企一族を滅ぼし、時政の長子・義時を執権として北条氏が幕府の実権を摑んだのである。

その北条氏にとって、目の上のたんこぶとなったのが義盛である。幕府創立期の重臣は、死亡や失脚によってその多くはもはや義時の敵ではなかった。しかし、頼朝から厚く信頼されていた義盛は、幕府創立以来、侍所別当の重職にあり健在だったのである。それゆえ、義時は義盛を滅ぼす機会を虎視眈眈と狙っていた。そんな折に起こったのが、信濃国の泉親衡《いずみちかひら》が頼家の子・千寿《せんじゅ》を擁立して、北条氏に反旗を翻そうとした出来事である。計画は事前に露見し、一味が捕えられたのだが、そのなかに義盛の子、義直と義重、甥の胤長《たねなが》が加わっていたのだ。

当時、上総にいた義盛は、鎌倉に赴いて実朝に赦免を懇願し、なんとか子息は許された。しかし甥は罪を免れることができなかった。将軍は長年の勲功を汲んで赦免しようとしたのであったが、義時が断固として譲らなかったのである。そして胤長を和田一族の目前で引き回したうえで、陸奥へ流したのであった。さらに、はじめは義盛が拝領を許されていた胤長の屋敷を義時が奪ってしまう。

明らかにこれは、義盛の挙兵を狙った義時の挑発であった。挙兵させておいて、討伐するつもりだったのだ。これを知ってか知らずか、義盛は義時の思惑通り挙兵の準備を整えた。そこへ、義盛としては手痛い大きな裏切りが起こる。同族の三浦《みうら》義村《よしむら》、胤義《たねよし》らが裏切り、北条家に義盛謀反を知らせたのだ。

こうして、いよいよ鎌倉が、戦乱に巻き込まれる。後にいう和田合戦《わだがっせん》である。義盛は百五十騎と三百人の兵を三つに分けると、一隊に幕府を、残る二隊に義時と大江広元の屋敷を攻めさせた。義盛軍の武士たちはみな精鋭である。特に三男・義秀は幕府の総門を力任せに打ち破って乱入し、火を放つと、将軍実朝らを法華堂に追いやった。幕府方の御家人は次々と討ち取られ、義盛軍が優勢を誇ったまま、両者の戦いは一刻も休むことなく夜通し続けられた。

しかし戦い続けていた義盛方の軍勢は、明け方になると少しずつ疲れが出てくる。

一方、法華堂にいた実朝は、戦乱を傍観していた稲村ヶ崎の御家人たちに御教書を送って味方につかせた。さらに千葉介成胤《ちばのすけなりたね》が一族とともに馳せ参じ、幕府軍として参戦すると、少ない軍勢の和田軍はたちまち劣勢に転じてしまう。戦場は、若宮大路、町大路、由比ヶ浜、大倉と続いていく。寝食を取る時間もなく戦い続けてきた和田軍は、いよいよ疲弊、次々と討ち取られていった。そして義盛の四男・義直も戦死すると、ひどく落胆した義盛もまた敵の手にかかってしまう。

こうして、和田一族は多くが討たれ、あるいは敗走し、反乱は終結する。戦死した義盛らはその首を由比ヶ浜にさらされたという。やがて、北条家の幕府支配に抵抗する者たちは一掃された。義時は目的どおり、侍所の別当に就任し、鎌倉の御家人たちの頂点に立つことに成功した。こうして、北条氏の専制時代が始まるのである。

平氏打倒に燃えた青春！雷となって怨念を晴らした悪源太義平

歴史に「もしも」は禁句だ。だが、源平の戦いの歴史のなかで、もしも悪源太義《あくげんたよし》

平《ひら》という一人の武将が若くして斬首されていなかったとしたら、源頼朝は鎌倉幕府を開くことができたのか、おおいに興味を引かれるところではある。

悪源太義平の正式名は源義平で、父親は源義朝。頼朝よりも義平は六歳年上の異母兄にあたる。つまり、義平の人生が短命に終わらなかったとしたら、頼朝ではなく、義平こそが源氏の棟梁となっていたかもしれない。

また義平は同じ源氏一族の間柄でありながら、義仲の父である叔父の源義賢《みなもとのよしかた》を殺害した張本人でもある。その義賢を殺害した理由は、義朝・義賢の間に所領についての争いがあったことに加え、義賢の評判が高いことを知った義平が、父義朝の名声を保つことを主眼としつつ、十五歳だった彼自身の武勇を高めることを目的としていたものと考えられている。

義賢を倒した後、義平は「悪源太義平」と称するようになった。自らを「悪」と名乗ったのは不思議な気がするかもしれないが、この場合の「悪」とは強いことを意味している。事実、京で東宮を護衛する団の兵士長（帯刀先生《たてわきせんじょう》）を務めて武勇の誉れが高かった義賢を十五歳の若さで倒したことで、義平の武名はたちまち京でも評判となっていった。

そんな義平が武名通りの実力を発揮したのが、平治元（一一五九）年に起こった平治の乱だった。義平は父・義朝とともに宿敵平清盛と対決することになった。

まず、義朝は朝廷を牛耳る信西に恨みを抱く藤原信頼らとともに、清盛が熊野参詣のために京を出たのを機に、信西入道を殺害し、天皇と上皇を手中に収めた。

この時、義平はただちに清盛追撃を開始すべきだと献策しているが、これは戦い方としては理にかなった建議であり、このあたりにも武将義平としての能力の高さがうかがえる。

しかし、天敵ともいえる信西入道を討った反乱軍の首魁・藤原信頼は、勝利に酔いしれており、すぐに追撃軍を出すことをしなかった。そのため、急遽京へと戻った清盛に態勢を立て直す機会を与えてしまったのである。清盛は錦の御旗となる天皇と上皇を信頼から奪還。官軍となった平氏は、圧倒的な兵力で源氏方が籠る大内裏に押し寄せた。

戦いは明らかに義朝と義平にとって不利なものとなった。信頼などは、警護を受け持っていた侍賢門《たいけんもん》に、清盛の嫡男重盛を大将とする五百騎の軍勢が押し寄せるのを見て、現場を放棄して逃げ出したほどだった。義朝から侍賢門を死守する命令を受けた義平は、わずか十五騎で五百騎の重盛軍に向かっていった。ここで義平は超人的な働きをする。手勢だけで平氏の軍勢を侍賢門の外へと追い出しただけでなく、敵の大将・重盛をもあと一歩のところまで追いつめてしまうのだ。

だが、いかんせん多勢に無勢。寸前で重盛の家来が立ち塞がり討ち漏らしてしまう。やがて平氏の策にはまった源氏は内裏を占拠される。こうなると父義朝とともに義平も京を脱出して落ち延びるしか方法はなかった。

追手をまくため、途中で義朝と別れた義平だったが、やがて義朝が暗殺されたという知らせを聞く。その際、義平に追従してきた兵たちも逃げ出し、義平は一人残されてしまうが、彼の闘志は一向に衰えることを知らない。せめて清盛あるいは重盛の首を取ってやろうと、一人京へと潜入していった。

だが、密告によって義平は捕えられる。そして、平治二(一一六〇)年一月二十五日、京都の六条河原で首を斬られ、その命を散らせた。二十歳になったばかりであった。

ところで、義平にまつわる後日談がある。義平が六条河原で処刑されようとした時、平治の乱の際、清盛をすぐに追撃すべきだという自分の建議が受け入れられなかったことを悔いていた。その様子を見ていた処刑執行役の難波三郎恒房《なんばさぶろうつねふさ》が、愚痴をこぼすのは武士らしくないと咎めたところ、うまく自分を斬らないと顔に食いついてやると脅したという。そのうえ、百日以内に雷へと化身して、殺害してやると予告して処刑されていった。

するとどうだろう。後日、恒房は清盛の使者として福原へ下る途中、落雷にうたれて本当に死亡してしまったと『平治物語』に記されている。恒房の死を聞いた京の人々は、義平が雷となって怨みを晴らしたと噂した。弱冠二十歳ながら、源氏の長男として打倒平氏に対する恐るべき執念である。

平家一門の菩提を弔い読経しながら死んでいった勇将・平景清

藤原南家伊藤の流れを継ぐ藤原忠清の子・景清《かげきよ》は、平氏の血も引いており、平景清とも呼ばれたほか、その勇猛さから上総悪七兵衛《かずさあくしちびょうえ》との通称も持っていた。彼は、治承四（一一八〇）年、富士川の戦いの直後に、父から源氏追討のため信濃守に推挙される。さらに、木曾義仲、新宮十郎行家《しんぐうじゅうろうゆきいえ》との戦い、一ノ谷の戦いなど各地を転戦、侍大将として活躍した。

屋島の戦いにも参加した。この戦いで平氏は海からの襲撃に備えていたが、義経は背後の陸伝いから近づいた。わずかな兵の決死の攻撃は、平氏に大軍の来襲だと思い込ませることに成功し、勝利を収める。源氏ばかりが輝いた戦いではあるが、この戦いには景清の勇猛さを物語るエピソードが残っている。

義経の奇襲で大きな打撃を受けた平氏は、船で海上に逃れたが、そのなかで三人の武士が陸に上がる。そのなかに景清がいた。彼は、逃れようとした美尾谷十郎と戦い、その冑の錣《しころ》を断ち、「我こそが上総悪七兵衛よ」と名乗りを上げたという。また、戦が休息状態になっていた時のこと。平氏から優雅な女性が、扇を棹《さお》に立てた。それを見事に打ち抜いた源氏方の那須与一《なすのよいち》宗高をたたえ、平氏軍の兵士の一人が舞い始める。ほんのひと時和らいだ雰囲気が流れたのだが、義経は非情にも与一に命じてその者の首を射抜かせた。これに腹を立て攻め込んだ平氏の二百余人の武者のなかにも景清がいたとされる。

最終決戦の壇ノ浦の戦いでは、自刃を選ぶことなく戦場をうまく逃れて、平氏滅亡後も命を永らえる。そして、同様に戦場を離脱した兄・忠光とともに頼朝の命を奪う機会を狙っていた。しかし、忠光は建久三（一一九二）年、永福寺工事現場での頼朝暗殺計画に失敗し、生け捕られた後に首をはねられた。建久六（一一九五）年、東大寺大仏殿の供養に上洛した折にも、景清は平氏の残党を従えて、東大寺転害門《てがいもん》の近くに身を潜めていたが、頼朝に見破られ捕えられるに至る。それまで、彼が立てた頼朝の暗殺計画は、三十七回にも及んでいるという。

彼は鎌倉に護送されると、和田義盛に預けられた。鎌倉武士たちの同情を買っての処分であった。その館から逃げ出さない限り自由の身とされた景清は、和田一族の酒宴に出席したり、庭で馬を乗り回すなど、かなり闊達《かったつ》に振る舞ったとされる。手を焼いた義盛は、頼朝に任を解いてもらえるように願い出た。

次に景清を預かったのは八田知家《はったともいえ》。彼は情の厚い武人であったことから、和田家に劣らぬ厚遇で迎えた。しかし、今度は逆に景清を苦しめ死に至らせることとなる。というのも、彼の家族の末路を思ってのことである。父・忠清は、平氏滅亡の直後に捕えられ、京都の六条河原で処刑され、兄・忠光も殺された。それなのに、自分一人だけ、敵地の鎌倉で敵から厚い待遇を受けていることに耐えられなくなったのだ。

やがて景清は、化粧坂《けわいざか》中腹にある洞窟に入る。八田家からは毎日食事が運ばれてくるが、彼はその量を次第に減らし、ただ、読経を続けるのみだった。日に日にか細くなっていくその声は、建久六（一一九五）年三月七日についに途絶える。断食によって自ら命を絶ったのであった。現在、化粧坂の入り口には「景清土牢」「水鑑景清」「景清窟」などと呼ばれている洞窟があり、景清が最期を迎えた場所であると伝えられている。

その最期は『長門本平家物語』によるもの。洞窟ではなくやぐらだったという説もある。『延慶本平家物語』によると、平知盛の遺子・知忠の反乱に参加した末に、消息を絶ったと記されている。そのほか、謡曲、浄瑠璃、歌舞伎などの後代の語り物になると、後日談はさらに増える。そこでは、執拗なまでに頼朝の命を狙った景清に、平家一門の怨念が投影される。義経が悲劇の英雄として後世の人々から人気を得たように、景清もまた「判官びいき」を好む日本人の心を掴む人物だったのだ。

源頼朝挙兵に呼応し、命を捧げた三浦義明の最後の願いとは？

源頼朝が平氏を倒して鎌倉幕府を創設したことは、今にしてみると当然のなりゆきのように思えるかもしれない。だが、頼朝が治承四（一一八〇）年に伊豆で挙兵した時には、確たる勝算があったわけではなかった。

そのような微妙な状況下において、大勝負に出る頼朝にすぐさま呼応したのが三浦義明である。三浦氏は現在の横須賀市にある衣笠城を本拠地とし、三浦半島を基盤に周囲の制海権も握る強大な雄族だった。

義明は一族を集め、源氏の代々の家人として頼朝の挙兵に参加する行動を開始した。ただし、義明は八十九歳の高齢である。そこで子の義澄、義連、義澄の甥和田義盛をはじめ、三浦一族の総力を挙げて頼朝のもとへ向かわせた。

しかし、三浦勢は豪雨による酒匂川《さかわ》の氾濫に阻まれ、決戦の場である石橋山に行き着くことができないまま、敗戦を知る。それでも引き返す途中に由比ヶ浜で畠山重忠の軍勢と出会い、激戦のうえ辛くもこれを撃退した。

こうして衣笠城に戻ったのだが、そこへ先程破った畠山重忠が軍勢を増強して攻め込んできた。迎え撃つ三浦勢。だが、疲労と由比ヶ浜で被った痛手が重なり、ついに一敗地にまみれる。

この時、義明は城を逃れて頼朝の存亡を確かめ、主家再興に尽力するよう一族に言い渡した。そして、自身は城に踏み止まることを決める。ためらう一族に対し、義明は余命いくばくもない己の命を頼朝のためになげうち、子孫の手柄としてもらおうとの言葉を残した。この言葉に従い、一族は泣く泣く城を脱出。ほどなく衣笠城は猛攻を受け、義明はその命を散らしたのである。

城を脱出した義明の子義澄らは、頼朝が逃れた安房国に赴いた。安房も三浦氏の勢力圏であり、頼朝がそこまでたどり着けたのも、海上権を掌握している三浦氏の尽力によるものであった。

その後、義連は一ノ谷の戦いで活躍、義澄は平氏追討軍の重要拠点周防に陣を結び、壇ノ浦の戦いでは源氏軍の先鋒を務めた。

このように幕府草創に参画し、武功を上げたことにより、義澄は実質的な相模の守護となり、和田義盛は侍所別当に、義連も頼朝の側近となった。建久元（一一九〇）年には頼朝の上洛にも同行し、任官の推挙を義明から譲られた子の義澄が右兵衛尉《ひょうえのじょう》となる。義連と和田義盛は左《さ》兵衛尉《ひょうえのじょう》に任ぜられた。

頼朝が征夷大将軍に任ぜられた時には、義澄はその使者として鶴岡八幡宮で勅使から任官の文書を受け取る大役を務めている。

さらに、その後の頼朝上洛の際に十人の御家人が恩賞として任官を推挙されたのだが、このうち三人が三浦一族だったという。

こうして三浦氏は重用され、繁栄の時代を迎えた頼朝に命を捧げた義明の最後の願いはかなえられたのである。

頼朝様、見てください！
忠誠の高さを宣伝し粛清の時代を乗り切った佐々木高綱

源平の戦いが激しさを増した平安末期の武将たちは、一族と郎党を一つの単位として動いていた。棟梁は所領をもって経済的には自立しており、棟梁の一族に従っ

見せたことには
なるまい

て戦いの時は重要な戦力となる郎党が食い扶持を与えられていた。

そんな棟梁が源平の戦いのなかで、平氏側につくか、それとも源氏を棟梁として仰げばいいのかを判断して戦いに臨んでいった。つまり、武士全体の棟梁である源平いずれかに絶対的な忠誠を誓うような主従関係が結ばれていたわけではないと考えられている。

だが、そんな風潮も源氏の天下が定まるにつれて微妙に変化をしていったようだ。こうした流れを象徴するような逸話もいくつか残されている。源頼朝に仕えた武将で、その武勇が天下に知られていた佐々木高綱《ささきたかつな》の甲冑に関する逸話などもその一つといえよう。

壇ノ浦の戦いも終わり、源頼朝が源平合戦の最終勝利者と決まった年でもある文治元（一一八五）年十月二十四日のことだ。この日、頼朝が本拠地とする鎌倉で、鎌倉勝長寿院の落成供養が行われた。この式典において、佐々木高綱には頼朝の甲冑を預かるという大役が与えられていた。

式典のために人々が集まってきた時、佐々木高綱の姿を見て人々は目を疑った。何と、高綱は頼朝の甲冑を反対に身につけて式に参列しようとしていたからである。高綱は胴を包みこむ甲冑を裏返して、本来は甲冑の内側になる面を外側に向けるようにして着用していた。甲冑がせり出すようになっているため、傍から見ると子供がふざけているかのような異様な光景である。

当然、式典に参列した人々から高綱に注意する意見や非難の声が相次ぐことになった。だが、高綱は目をきっと見開いて次のように反論したという。

「主君の御鎧を着するのは、もし事あるのとき、ただちに脱ぎて主君にお着せするものなり。巨難を加うるの者は、いまだ勇士の故実を弁えざるか」

つまり、不意に戦闘が起こったとしても、頼朝がすぐに鎧を着ることができるようにとの配慮から、鎧を逆に着こんだというのだ。主君の大事を思う行動だとしているわけだが、果たしてこの高綱の行動は頼朝の忠実な僕であることの証ということができるのだろうか。

誤って鎧を裏返して着た弁明だという人もいる。だが、大の大人がいくら慌てていても鎧を裏返してつけるはずもない。それでは、本当に主君を思いやっての行動かというと、それもはなはだ怪しいというのが真実ではないだろうか。

すでに平氏は亡び、頼朝をつけ狙う敵の存在は少ない時流である。むしろ、高綱が自分の忠誠心を大袈裟に訴えようとした演出だったと解釈したほうがいい。頼朝の心象をよくして、より多くの褒賞にありつきたい。そんな高綱の思惑が垣間見える。

高綱は源義仲を追討するための宇治・瀬田の戦いでも、先陣争いを梶原景季と競い合うなど、功名心は人一倍強い人物である。

事実、後の建久六（一一九五）年に、高綱は褒賞が少ないことを恨み、家督を子の重綱に譲ってしまい、自らは出家するという行動に出ている。

白髪を染めてカムフラージュ⁉ 命を救った木曾義仲を相手に散った斎藤実盛

源平が雌雄を決する戦いを繰り広げていた時代、各地の武将は源氏方につくのか、それとも平氏方につくのか頭を悩まされることは少なくなかったようだ。ただし、いったん源平どちらかに加勢したからといって、永久に傘下に入ることを意味しているわけではなかった。彼らは一家の存続と繁栄を重視し、主君に対する義理などかえりみなかった。流動的な主従関係を結んでいたということができる。

こうした現象は、源平の戦いのなかで数多く起こることになったが、有名な逸話の一つに、かつて情をかけて命を救った武将に、敵として立ち向かうことになった老将の話がある。その武将の名は斎藤実盛《さいとうさねもり》という。そして、実盛が命を救った敵軍の大将こそ、平氏を都から追い払うことになる木曾義仲であった。

斎藤実盛と源義仲との関係は次のような背景から生まれている。

源義仲の父親は源《みなもとの》 義賢《よしかた》。義賢は源為義《ためよし》の次男で、源義朝《よしとも》の弟にあたる。義賢は初め京で朝廷の侍衛長（帯刀先生）として働いていたが、後に源氏の本拠地ともいえる東国へと移動。上野国（現・群馬県）に移り住んだ。彼の武名は高く、たちまち東国でも評判の期待の星となっていく。

これに焦燥感を抱いた人物が、義朝の長男・義平《よしひら》であった。鎌倉で父義朝の留守を預かっていた義平は、このままでは義賢が義朝を脅かす存在になってしまうと感じていたのである。そこで、久寿二（一一五五）年に義平は叔父にあたる義賢の館を急襲。義賢を殺害してしまったのだ。

この時、危険な状況に追い込まれていた幼児がいた。義賢が儲けたばかりのわずか二歳の男子だった。その名を駒王丸《こまおうまる》。後の木曾義仲である。もちろん、義平は駒王丸を殺害することも企てていた。だが、叔父殺しの評判があっという間に広がってしまったため、批判を避けるために京へ一時避難することを余儀なくされる。そこで、義平は家人だった畠山重能《はたけやましげよし》に駒王丸殺害を命じて鎌倉を後にしていた。

命令を受けた畠山重能は、やがて駒王丸を捜し当てる。しかし、幼児を殺害してしまうことを不憫に感じた重能は、密かに駒王丸を逃がしてやることを決意した。

そこで畠山重能は、ちょうど京から勤めを終えて武蔵国に帰ってきたばかりの斎藤実盛に駒王丸を託す。命を受けた実盛は、考えた末、義朝や義平の家人の多い関東地方で駒王丸をかくまうのは危険だと判断。信濃国の木曾谷の山中に住む豪族中原兼遠のもとへと駒王丸を届けて保護させることにした。いわば、斎藤実盛は木曾義仲にとっては畠山重能と並ぶ命の恩人というべき存在だった。

それから時は流れて二十五年が経過した治承四（一一八〇）年、斎藤実盛は平治の乱以降、平宗盛の恩顧を受けたこともあって、源氏から離れて平氏方の武将として活躍していた。この年、成長した木曾義仲は反平氏を標榜して挙兵。快進撃を開始する。倶利伽羅峠《くりからとうげ》で平氏の大軍を撃破し、その勢いはとどまることを知らない。京へと進軍する義仲軍を食い止めようと、寿永二（一一八三）年、平氏は平維盛《たいらのこれもり》を総大将とする大軍を北陸道へと送ることになったが、この軍勢のなかに斎藤実盛も加わることになった。この時、実盛七十歳という高齢での出陣である。

六月一日、加賀国（現・石川県）で義仲軍と平氏軍は衝突した。篠原合戦である。戦いは義仲軍の圧倒的な優位で進み、平氏軍は退却を余儀なくされていく。しかし、そんな平氏軍のなかにあって、一騎だけが戦場に踏みとどまり奮戦を続けていた。斎藤実盛である。

実盛は侍大将だけに許される錦の直衣《のうし》をつけていた。倒しがいのある敵とみた義仲軍の手塚光盛という武将が名を問うた末に戦いを挑もうとしたが、なぜか名乗らない。名を聞くのを諦めた手塚は、その武将を倒して首をかき斬った。

戦いが終結した後、義仲が首を検分していたところ、命の恩人斎藤実盛と思わしき首を発見する。手塚がかき斬った武将の首だった。だが、実盛にしては年齢が若く見えるのを不思議に思った義仲は、髪の毛を改めさせたところ白髪を真っ黒に染めていたことが判明する。

自らの名を義仲に語れば命は救われる可能性は高い。しかし、そのような命請いは恥と、名乗りを挙げることもせず、さらに老いを隠すために髪を染めてまで出陣していた実盛の武者ぶりは、義仲をはじめとする源氏の武士たちにも感動を与えたという。

実盛にとっては覚悟の出陣だったようで、錦の鎧を身につけたのは故郷の加賀で戦いに臨むことを知り、「故郷に錦を飾る」という故事にならいたいと願い出て、時の主君である平宗盛の許可を得てのことだった。おそらく、最期の戦いになることを初めから覚悟しての出陣だったのだろう。同時に情けをかけた駒王丸が立派に成長したことを誇りに思っての死であったかもしれない。

生き残った清盛の弟！平頼盛の意外な命の恩人とは⁉

日本各地で源氏一門との壮絶な戦いを繰り広げた平家一門であったが、ついには元暦二（一一八五）年の壇ノ浦の戦いに敗れて滅亡する。源氏武士の刃に倒れた者、自ら入水して死を遂げた者、源氏の武将に捕えられ処刑された者……。「奢れる者も久しからず、ただ春の夜の夢のごとし」と後世に言い伝えられることになるのだが、鎌倉に源氏を頂点とした武家政権の樹立を目指す源頼朝にとっては、当然の戦後処理をしたまでのことだった。

こうした非情ともいえる乱世の掟に頼朝は忠実に従ったわけだが、実は、助命が認められてその後も京の都で生きることを許された平氏の有力武将が存在した。その名を平頼盛《よりもり》という。

頼盛は平忠盛《ただもり》の五男にあたり、平家の棟梁となる清盛とは異母兄弟にあたる人物。後白河法皇の寵愛を受け、一時は清盛とその嫡男重盛に次ぐ地位に就き、平氏のなかでも有力な武将として名を上げていた。しかし、朝廷内の後白河院と清盛との対立が深まったのに伴い、兄清盛及び平家の主流派との関係を悪化させていった。

その平氏主流派との対立は源平争乱期が本格化しても、修復されることなく続く。そのため、この平頼盛という武将、実は壇ノ浦の合戦に参加していない。寿永二（一一八三）年に木曾義仲の攻撃を受けて京の都から平家一門が都落ちする際、忘れ物をしたという理由で隊を離れ、京都に引き返していたのだ。

だが壇ノ浦で戦わなかったからといって、平氏の有力武将であった頼盛の命が保証されるわけではない。事実、頼朝は都落ちの際に平家一門から脱落した平氏の関係者でさえも厳しく処罰している。そんな状況のなか、頼盛が助命処分を受けることができたのはなぜだろうか。その背景には頼盛の母である池禅尼《いけのぜんに》の存在があった。

池禅尼は崇徳上皇《すとくじょうこう》の皇子重仁親王の乳母を務めた人物。平忠盛の後妻に入り頼盛を産んだ。天下の情勢を見極める能力には長けていたようで、後白河院（当時は天皇）と崇徳院（当時は上皇）の対立から源平入り乱れての戦いとなった保元元（一一五六）年の保元の乱においては、後白河院側の勝利を予見。息子頼盛に後白河側につくよう助言したといわれている。

そんな池禅尼が息子頼盛の助命を頼朝に決断させるほどの影響力を持ったのは、保元の乱に続いて平治元（一一五九）年に勃発した平治の乱が関係していた。

この時、頼朝は父源義朝とともに平清盛と戦い敗れ、平家方の武将に捕えられた挙句、斬首されることとなっていた。そして、頼朝の命が消えようとしたまさにその時、その命を助けるよう嘆願し、伊豆への配流という処置にとどまらせたのが池禅尼だったのだ。いわば、池禅尼は頼朝にとって命の恩人であった。その息子を無情にも殺すことには気が引けたのか、頼朝は平頼盛の命を保証する決断を下すに至ったのである。

いずれにしても、天下を取った平清盛にとって、将来危険な芽となり得る頼朝の命を救うことは好ましい決断とはいえなかった。それでも伊豆配流に処分を留めたのは、池禅尼の願いを無視することができなかったこと以外に理由はない。それほど池禅尼は平氏中に強い影響力を持った人物だったことがうかがえる。そんな池禅尼の恩に対し、頼朝は後に彼女の息子を救うことで報いた。まさに因果応報である。

◆コラム◆
笛の名手、平敦盛を討った熊谷直実と鳩居堂との不思議な縁

東京の鳩居堂というと、銀座の一等地にある老舗の文房具店として名高い。毎年発表される日本全国の地価において、全国一高い評価を受ける場所で営業していることから、店を訪れたことのない人々にもその存在を知られている。

この鳩居堂の歴史をたどっていくと、実は源平合戦ゆかりの人物に行きつく。それが熊谷直実《くまがいなおざね》という一人の武将である。平家追討の戦いのなかでは、源義経配下の武将として活躍し、後に出家して蓮生《れんせい》と名乗っている。

直実が出家した理由については、寿永三（一一八四）年に起こった一ノ谷の戦いがきっかけだったといわれている。義経が断崖から、平氏がこもる一ノ谷城めがけて勢を進め、敵を混乱させた奇襲「義経の逆落し」で有名な戦いである。

敗北を悟った平家一門は海を利用して敗走を開始した。この時、船に乗り遅れた平氏の武将の一人が弱冠十六歳の若者平敦盛《たいらのあつもり》である。なんとか船に追いつこうと海へと馬を泳がせるこの敦盛を熊谷直実が発見した。

呼びとめられた敦盛は観念して浜へと戻り、熊谷直実と対決することを決意する。しかし、豪壮な武将である直実の前に敦盛は組討ちに敗れ、あとは死を待つだけとなった。この時、敦盛の幼い顔を見た直実の脳裏に、自分の息子である小次郎の顔が浮かぶ。殺すのをためらい、逃がすことを考えた直実だったが、すでに周囲を源氏の軍勢が取り囲んでいたことから、やむなく敦盛を討ち取ったという。この敦盛を殺害したことを悔いて熊谷直実は出家したと、

『平家物語』には書かれている。

この二人の戦いと直実の出家に関しては、後に文楽や狂言「熊谷陣屋」として取り上げられ、人気を博すようになる。豪壮でいながら、人情にも厚かった直実の人物像は、芝居の題材にはうってつけの存在だったといえよう。

そのため、話をより劇的なものにしようと、熊谷直実出家の理由については、その後いろいろな話が生まれるようになった。敦盛は笛の名手として名高く、死に際して吹いた笛の音が直実の心に染みたために出家した、亡霊となった敦盛が直実の枕元に現れた、実は直実は敦盛の命を密かに救っていたという話まである。

そんな熊谷直実と冒頭で触れた鳩居堂との関係だが、直実が軍功によって源頼朝から「向かい鳩」の家紋を授かったことから始まる。十七世紀の江戸時代に入り、熊谷直実から二十代目にあたる熊谷直心《くまがいじきしん》が京都で「鳩居堂」という薬を扱う店を開いた。これが鳩居堂の創業である。屋号は、儒学者室鳩巣《むろきゅうそう》が自分の名前と向かい鳩の家門にちなんで名づけたものだった。

十九世紀には筆や墨を製造し始め、明治宮中の御用達文具商として東京に進出していくこととなったのである。東国武士の典型といわれた豪壮な熊谷直実と、お香や文具といった繊細な世界の道具を送り出す鳩居堂。意外な組み合わせかもしれないが、源平合戦を戦い抜いた武将のその後は、興味深い歴史を紡いでいる。

第五章

おごれる人も久しからず……
あの人の悲しい晩年

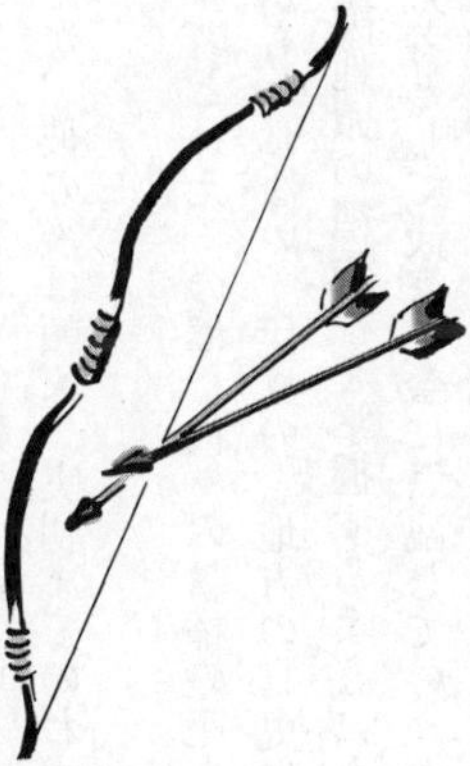

年の若い妻に翻弄され、

栄光の執権職を追われた北条時政の無残な晩年

源平合戦の真の勝者は誰かという問いに対して、誰もが勝者は源氏であり、なかでも鎌倉に武家政権を樹立した源《みなもとの》頼朝《よりとも》だと答えるだろう。

しかし、大きな視点に立って考えると、源氏も簡単に勝利者として扱うわけにはいかない。頼朝は政権を安定させるために、母親は違うとはいえ、弟の義経をはじめとして政権の邪魔になる者は、たとえ同族であっても容赦なく処刑するという方針を貫いた。そこまでして安定を図った頼朝だが、彼の後は頼家《よりいえ》、実朝《さねとも》までのわずか三代しか続かなかった。

となると、むしろ源平合戦後における真の勝者といえるのは、代々の執権の座を受け継いでいった北条氏ということができるかもしれない。伊豆の一地方の官吏に過ぎなかった北条氏が、やがて頼朝の下で守護地頭の補佐権を掌握するようになり、執権職を代々受け継ぎ、将軍をしのぐ実力者として武家社会に君臨していったのだから、源平合戦に関わった者たちのなかでは最も成功した一族といっても過言ではない。

その成功の基礎を築いたのが北条時政である。保延四（一一三八）年に生まれたといわれているが、その出自についてはあいまいな記録しか残されていない。時政以前の北条氏一族は伊豆国の在庁官人だったといわれているが、それも定かではないのだ。

だが、時政が平清盛によって伊豆へ流されていた頼朝と知り合ったことが、その後の北条氏の運命を変える。時政は娘の政子を頼朝に嫁がせ、当時朝廷の政治を牛耳っていた平氏に反旗を翻した。時政は頼朝とともに挙兵し、各地を転戦していく。頼朝は伊豆時代に自分をサポートしてくれた人々に厚い信頼を寄せたが、なかでも義父・時政への信頼は絶大だった。平氏を打倒した後は、頼朝は弟である義経の追討や平氏の残党狩りなど、重要な仕事はことごとく時政に依頼している。

頼朝に忠実だっただけでなく、時政は老獪な男であり、時代を読む能力や対応能力にも長けていた。

頼朝の死後、頼家が将軍職を継ぐと、鎌倉幕府の実権を握る抗争が発生する。一方は北条時政、もう一方は頼家の嫁の父親で、長男・一幡《いちまん》の外祖父にあたる比企能員《ひきよしかず》。時政も娘・政子の子である頼家の外祖父にあたるから、外祖父同士の対立が生まれたことになる。将軍を補佐する役を得ることで、実質的な幕府権力を掌握しようという、源氏の家を御輿と担いだ新たな権力争いだった。

この勝負は、老獪さで上回る時政の勝利に終わる。盛んに動き回る比企能員に対して、時政は政子や息子の義時と図り、将軍の権限を縮小する計画を発表。時政はこれに真っ向から反対した能員を巧みにおびき寄せて殺害し、さらにその余勢をかって比企氏一族に攻撃をしかけ、攻め滅ぼしてしまったのである。

この後、将軍に源実朝を就けて時政は執権の座に就任。実質上、幕政を掌握するようになった。

こうして北条氏が代々受け継ぐことになる執権職を最初に得た時政。それゆえ、本来ならば、権力の絶頂に上りつめたまま息子・義時に職を譲る路線が敷かれるはずであった。ところが、何を間違ったか、時政は義時と政子という実の子供二人と対立して失脚してしまうという憂き目を見る。

その原因は時政が後妻をもらったことにあった。その名を牧《まき》の方《かた》という。時政がどのように牧の方と知り合い、いつ結婚したのか、そもそも牧の方という女性がどのような出自なのかなどは定かではない。駿河国の下級官吏の娘だったという説もあるが、時政はこの女性にぞっこん惚れ込んでしまった。

だが、この牧の方という女性、つつましい性格の持ち主ではなく、権勢欲の強い人物だった。元久二（一二〇五）年に、時政に讒言《ざんげん》して有力御家人であった畠山重忠《はたけやましげただ》に謀反の疑いをかけて畠山一族を滅亡させた。それで満足することなく、次に牧の方はなんと時政をたきつけて、二人の間に生まれた娘の婿である京都守護職平賀《ひらが》朝雅《ともまさ》を、源氏の血を受け継いでいることから将軍の座に就けようと画策させたのである。牧の方に惚れ込む時政はこの所業を諫めることができない。それどころか、彼女の意向を汲んで実朝殺害を含むクーデター計画まで目論む始末だった。

しかし、この情報は先妻の子供である義時と政子の耳に入る。怒った義時と政子は反対に時政追放のクーデターを実行。平賀朝雅は殺害されてしまう。

殺害の報を聞いた時政は、敗北を悟り、ただちに出家して息子と娘に謝罪したものの、謝罪は受け入れられなかった。さすがに死罪は免れたが、伊豆への配流処分となり、中央政界から姿を消すこととなってしまったのである。

その後、時政は復権するどころか、鎌倉に帰ることも許されないまま十年の時が流れ、不遇をかこったまま伊豆で没することになる。享年七十八歳だった。妻の色香に惑わされて自滅した最期といえるのかもしれない。

平清盛の後継者宗盛は泳ぎが達者で壇ノ浦を生き延びていた!?

平宗盛は清盛亡き後、平家一門の総大将となった人物である。久安三（一一四七）年に清盛と正室時子《ときこ》との間に生まれた。重職を歴任して着々と階段を上がり、中納言《ちゅうなごん》兼左衛門督《さえもんのかみ》、右近衛大将《うこのえたいしょう》、そして権大納言《ごんのだいなごん》春宮大夫《しゅんぐうだいぶ》となっている。

養和元（一一八一）年に清盛が突然の病で無念の最期を迎えた時、兄重盛はこの世になく、宗盛が平家一門の統率の任につくことになる。『平家物語』などでは、この兄との対比がことさら際立つように描かれている。父の激しい気質と専横を諫める聖人のような重盛に対して、宗盛は腰抜け武将とされたのである。

とはいえ、宗盛に棟梁としての器量が欠けていたことは否定し難い事実であろう。清盛のような闘志も積極性もなく、事を荒立てないことを旨としていたらしい。父の跡を継いで間もなく、後白河法皇に政権を返し、院政を復活させてしまった。清盛の野望を果たすどころか、入念に立てた政策もすべて頓挫《とんざ》させたことになる。後白河法皇の意向に縛られ、他家の兵力に頼り、やがて平家一門は滅亡への坂

道を下り始めた。

寿永二（一一八三）年に木曾《きそ》義仲《よしなか》が都に迫ってきた時に、安徳天皇を擁して都落ちを決めたことでも評価が低い。平氏随一の知将といわれた弟の知盛らの反対を退け、十分な準備も整わないまま強行したのである。しかも、宗盛は後白河法皇が密かに比叡山へと脱出したことにも気づかず、法皇を同行させることができない有り様だった。やはり、権謀術数に長けた法皇に対するのも、荷が重かったようだ。

宗盛に率いられた平家一門は瀬戸内海を西へ進み、大宰府へと至るが、そこでも土地の武士たちによって追い払われ、今度は瀬戸内海を東へと取って返すこととなる。京の政情不安で平氏追討が遅れたため、一時は立て直しを図ることができたが、一ノ谷の戦いで大敗を喫し、屋島の戦いにも敗れて、壇ノ浦へと追いつめられた。

元暦二（一一八五）年三月二十四日、平家一門は壇ノ浦にて海の藻屑と消える。総大将である宗盛もそこで命を落として然るべきだと誰しも思うだろう。

しかし、宗盛は潔く自決してはいない。一門の人々が次々と入水するのを舟の甲板で見て途方に暮れるばかりで、見苦しさに耐えかねた平氏の侍が海へ突き落としたのである。それを見て息子の清宗も飛び込んだ。

それでも父子は死ななかった。ともに泳ぎが達者で、波間を漂っているうちに結局は源氏方に救い上げられる。宗盛は子の清宗と生死をともにしようと思っていて、清宗が舟に引き上げられると、自分からそこに泳ぎついて生け捕りになったという。また、『愚管抄《ぐかんしょう》』には泳ぎが上手なために何度も浮き上がるうちに、生への執着が生まれたのだと記されている。

こうして生き延びた宗盛は清宗とともに、源義経《よしつね》によって鎌倉に護送された。いうまでもなく頼朝にとって平氏の棟梁宗盛は親の仇であり、それゆえ鎌倉まで連れてこさせたのだ。宗盛は頼朝と対面したが、卑屈な態度を取ったことから、ここでも武士らしからぬ態度だと嘲りの対象となった。

では、宗盛はその後、どうなったのかというと、生き延びるためにひたすら励んだ努力も空しく、鎌倉から京へ送り返される途中、あと少しというところで命を断たれている。生きて京まで帰ることができそうだと安堵していたところ、近江国篠原宿で息子と引き離されて、父子ともに斬られてしまったのだ。

『平家物語』によれば、この時、義経が呼んだ聖に勧められ、宗盛は念仏を唱え始めたが、いよいよという段になって息子の末期を確かめようとしたという。自害しなかったのも息子のためだと泣き叫ぶところを斬られたともいわれる。

しかし、なぜ平家の名を辱めるような真似までして総大将宗盛は生き延びようとしたのであろうか。

実は彼は妻子に対して極めて強い愛着を持つ人物でもあった。妻を愛し、その妻亡き後は大切に我が子を育てた。つまりは善良な父親であり、善良な人間でもあったというわけだ。怒りを感じても抑え込み、裏切った人間の命をも救っている。だが、そうした気質は武将として、そして平家一門を率いる総大将として取るべき道から外れてしまう。そのために不評、酷評を被ってしまう結果を招いたのである。

寿命を縮めたがった!? 聖人のような平清盛の長男重盛

平清盛の長男重盛は、『平家物語』では悪行を重ねる父と対照的に聖人のように描かれている。ただし、そこには源氏の時代に成立したという時代背景があり、作者の手によって大いに誇張された部分もあるといわれる。清盛の悪を際立たせるために、かなり美化されたと見ていいだろう。

では、実際の重盛はどのような人物で、どのような最期を迎えたのだろうか。

重盛が生まれたのは保延四(一一三八)年。母は右近衛将監高階基章《たかしなもとあき》の娘だが、早くに亡くなってしまった。正室時子の子ではないため、長男とはいえ安泰とはいいがたい立場にあったらしい。

もちろん活躍の場を与えられなかったわけではない。保元の乱、平治の乱で武功を上げ、権大納言、左大将、大納言などを経て、従二位内大臣の座についている。

だが、重盛は姻戚関係により、さらに微妙な立場に身を置く結果となった。妻は藤原成親《ふじわらのなりちか》の妹であり、義兄・成親は反平氏の筆頭に挙げられる人物となったからである。さらに、息子の維盛まで成親の娘を妻としていた。

こうした状況を補うように、重盛は時子の妹を側室に迎えている。義理の間柄とはいえ、母の妹、つまり叔母にあたる相手である。

聖人として美化された姿をよく物語るのが、治承元（一一七七）年に起きた鹿ヶ谷事件の際に清盛に諫言した話である。後白河院の近臣である義兄・成親が西光《さいこう》らとともに、法勝寺《ほっしょうじ》の僧・俊寛の鹿ヶ谷の山荘で平氏追討の謀議をしたという事件だ。密告により陰謀は露見し、関係者はすべて捕えられた。

清盛は西光を処刑したが、成親については重盛から助命を嘆願される。また、清盛は背後に後白河院の存在があると確認し、院を幽閉しようとしたが、これに対しても重盛は正面きって反対した。

その時、「君、君たらずといえども臣以て臣たらざるべからず、父、父たらずといえども、子以て子たらざるべからずといへり」と論語の一節を引用したといわれる。天と地、君主、父母、衆生の恩を説き、さらに聖徳太子の十七条憲法を引いて、早まったことをしないようにと独裁者の父を諫めたのである。

これを受けて、清盛はひとまず成親を備前国への流刑にとどめ、後白河院に対しても当面は処罰をしなかった。重盛は成親の流刑地に食料や衣料を差し入れるなど、気遣いを見せている。

まさに聖人と呼ぶにふさわしい対応であるが、そんな重盛像が音を立てて崩れてしまうような逸話も存在する。それは重盛の子資盛が巻き込まれた「殿下乗合」事件でのこと。資盛が摂政藤原基房に対し下馬の礼を怠ったため、馬から引きずり下ろされた事件であるが、『平家物語』では、これに激怒した清盛が三か月後基房に対して仕返しをし、これを恥じた重盛が基房に詫びを入れたことになっている。しかし、実際に執念深く基房をつけ狙い仕返しをしたのは重盛であり、詫びを入れたのも、基房から重盛に対してだったようなのである。やはり、重盛とてあくまで平氏の人間で、決して公明正大な人であったわけではないようだ。

やがて、重盛は体を壊して出家し、治承三（一一七九）年、四十三歳で清盛に先だって死去した。息子の病に対し、清盛は宋（中国）から来た名医に診察させようとするが、重盛は断ったとされている。天に運命を任せているという理由からで、医療拒否をしたことになる。

この薬断ちの理由を詳しく述べるのは『平家物語』で、京に辻風が吹き荒れたおり、平家一門の未来に不吉なものを読み取り、自らの寿命を縮めようと熊野権現に祈願したのだという。清盛の悪逆無道は行く末を危うくするから、自分は身を引いて末世の菩提を求めたい、一期で栄華が終わるなら代わりに自分の寿命を縮めて欲しいと願ったというのである。死を賭して一門の繁栄を願ったのであった。

独立不羈に徹して源頼朝の誤解を受けた東国の雄・上総介広常

源頼朝は政権の基盤を安定させるにあたり、危険分子は早めに切って捨てた。命がけで戦功を上げながら、主君頼朝に謀殺された武将も少なくない。主君との政権抗争の違いが仇となり、忠誠心を疑われてしまったのが上総介広常《かずさのすけひろつね》である。

広常は上総一帯に勢力をふるう大豪族で、桓武平氏の系譜につらなり、高望王《たかもちおう》の子良文を祖とする両総平氏の嫡流である。上総氏は初代の常時から上総介を継承しており、広常は両総の中小武士団の首長として東国屈指の力を誇っていた。

保元・平治の乱では源義朝の軍勢に加わったが、治承四（一一八〇）年の頼朝の旗揚げには直ちに呼応したわけではない。和田義盛を使者として派遣され、兵を集めると応じたものの、なかなか参上しなかったのだ。ようやく隅田川畔に兵二万騎を率いて現れ、頼朝から遅れを叱責されている。広常はそこに大器を認め、忠義を尽くす決意を固めたといわれる。

富士川の戦いにも加わり、上洛を急ぐ頼朝に対し、常陸佐竹氏を討って東国を平定するのが先だと進言。その討伐にも活躍している。

だが、政権が成立すると、独自の信念を貫く広常の力は頼朝にとって不安要因となった。広常は頼朝にさえ下馬の礼をとらなかったという逸話の持ち主で、ほかの家人に咎められても、三代にわたり下馬の礼などしていないと答えたという。

また、頼朝が後白河法皇に歩み寄る姿勢に対し、広常は不満を露わにしていた。「なぜ朝家（朝廷）を気にするのか、坂東に泰然としていればいいものを……」などと述べたと伝えられる。これは東国志向のみならず、東国独立国家樹立の構想をにおわせるものでもある。

こうした政権構想の違いと自尊心の高さが仇となり、頼朝は彼を危険視するようになった。寿永二（一一八三）年、後白河法皇が頼朝の東国支配を正式に承認して間もなく、広常は謀反の疑いをかけられて殺されることとなる。

直接手を下したのは、頼朝の腹心・梶原景時だった。広常は幕府殿中で双六《すごろく》をしている時に、いきなり首を斬られるという無惨な最期を遂げる。己の信念を通したとはいえ、騙し討ちにあうとは、広常もさぞや無念であったに違いない。

だが、その後、頼朝はこれを悔やむこととなった。広常が上総一宮に捧げた願文により、叛意はなく、確かな忠誠心を持っていたことを知ったからだ。投獄した弟らは助命したが、奪ってしまった命を取り戻すことはできない。後の祭りであった。

夫・平重衡を弔うため、生き地獄を味わった大納言典侍

源平合戦に巻き込まれ、不幸のどん底へと突き落とされた女は幾多もいる。そのなかにあっても、悲惨極まりない経験で知られるのが大納言典侍《だいなごんのすけ》だ。華やかな宮廷生活から一転して苦難の敗走を余儀なくされ、地獄を見ることになる。

大納言典侍は本名を輔子《すけこ》といい、大納言藤原邦綱《ふじわらのくにつな》の娘である。邦綱が平清盛から厚い信頼を受けていた関係で、早くから建礼門院徳子《けんれいもんいんとくこ》に仕えた。

輔子はやがて清盛の五男で建礼門院の兄にあたる平重衡《たいらのしげひら》と結婚する。さらに彼女は、建礼門院の産んだ皇子、後の安徳天皇の乳母ともなった。治承四（一一八〇）年に安徳天皇が即位すると、天皇の身辺の世話をする内侍司《ないしのつかさ》の次官、すなわち

典侍に任命された。父が大納言であることから女房名を大納言局といい、大納言典侍と呼ばれた。

大納言典侍は安徳天皇を擁して都落ちした平家一門と運命をともにする。夫・重衡が一ノ谷の戦いで捕えられた後、壇ノ浦で入水しようとしたところを捕えられ、生き永らえることとなった。

大切に育て、仕えた幼い天皇や親しく接していた平家の人々の末期を目の当たりにした彼女は、都へ連れ戻され、日野にいた姉のもとへ身を寄せる。平氏滅亡という地獄絵図を見たうえに、今度は夫・重衡を弔うこととなった。

一ノ谷にて捕えられた重衡はいったん鎌倉に護送されたが、再び京へ戻される。治承三（一一七九）年の南都《なんと》（奈良）攻撃の大将軍として東大寺、興福寺《こうふくじ》などを焼き討ちしたため、奈良で引き回しのうえ、斬首されることになっていたのだ。この護送の途中、重衡は大納言典侍と会い、最後の対面を果たし、自らの後生を託している。

大納言典侍は夫の願いを受けとめ、往生させるために再び壇ノ浦以来の悲惨な体験をする。斬られた夫の遺骸を引き取り、晒し首となっていた頭部も東大寺の僧に乞い受けて荼毘《だび》に付したうえ、高野山に骨を送って、日野に墓を建てたのである。

夫の首なしの体も、晒された首も、死後かなりの時間が経過していたから、すでに腐敗が進んでいたことだろう。

それから彼女は尼となり、建礼門院の隠棲する大原の寂光院《じゃっこういん》へ行き、侍尼として仕えた。その暮らしは貧しく、栄華を極めた当時とは天と地の開きがあった。ぼろをまとい、三十前後にしてすでに老女のようだったともいう。没年も定かではない。

敗者として散っていった平氏の男たちは、女たちによって弔われたが、この世に残され生きる術も失った女はその後、尼になり、自力で生きなければならなかった。その一人、大納言典侍は幾度も生き地獄を経験し、悲嘆に耐えて建礼門院に仕えながら最期の日を待ったのである。

なぜ自分だけ⁉ 鬼界ヶ島に一人残され、悲惨な最期を遂げた俊寛

後白河院というと、源平両家が争乱を繰り広げた時代に活躍した朝廷を代表する人物である。その本心を計り知ることは難しく、「日本一の大天狗」と呼ばれるほ

ど、様々な策略を張り巡らせた。その根底には一貫して、朝廷中心の政権を維持する目的があったものの、法皇の計略に周囲の人々は大いに混乱させられた。こうした混乱の渦中に投げこまれたがゆえに悲劇的な末路を歩むことになった人物の一人が、平安時代末期の僧俊寛《しゅんかん》である。

法勝寺《ほっしょうじ》の執行という地位にあった俊寛は、後白河法皇の信任の厚い僧でもあった。治承元（一一七七）年、俊寛は法皇の命を受けて、平氏打倒を目指す謀略の場所として法勝寺の山荘を用意する。この会場の選択が、俊寛の運命を大きく左右することになる。

ところで、この謀議に至る流れも、いかにも日本一の大天狗である後白河法皇が考え出したものだといえよう。後白河院は平清盛と組んで平治元（一一五九）年の乱に勝利を収めたものの、次第に清盛を中心とする平氏が煙たい存在になっていた。自らが院政を行い、世の中を仕切っていこうと考えていた後白河院であったが、勢力を増した清盛に院政を中止させられるという屈辱も味わっている。

そこで、なんとか自分の息のかかった人物を政治の中枢に据えようと考えていた後白河院だったが、ついに空席となった左大将の地位に、後白河院の寵臣・藤原成親が就任する好機が訪れた。ところが、太政大臣・平清盛が指名した後任の左大将

は、当時右大将だった平重盛だった。そして、右大将の座には重盛の弟である宗盛が就任した。これに危機感を抱いた後白河院は、左大将の座を逃して怨みを抱いていた藤原成親《ふじわらのなりちか》をけしかけて平氏打倒の密謀を図ろうと決心したというわけである。

平家のなかでも主流の座にないことを怨みに思っていた平康頼《やすより》や、藤原家の復権を願う藤原成経《なりつね》なども賛同し、この会議に参加することを密かに表明していた。さらに、僧や貴族だけでは武力が心もとないという理由から、北面の武士である多田行綱《ただのゆきつな》を仲間に引き入れて具体的な戦略を練ることにもした。

しかし、多田行綱を引きこんだこと

が、致命的な誤りとなる。発覚して処分されることを恐れた行綱は、この密議を清盛に密告したため、平氏打倒の陰謀が露見することになってしまったのだ。

後白河院を除く関係者全員が逮捕され、ただちに処分が下された。俊寛は斬罪は免れたものの、平康頼や藤原成経とともに薩摩の沖に浮かぶ鬼界ヶ島《きかいがしま》へと流された。

島の名が示す通り、通常は人間が居住する場所ではない、硫黄が煙る孤島に三人は残される。そこで木の芽を摘み、海岸で貝を拾っては食料とし、なんとか都に帰る日を夢見て励まし合い、生活を送った。

流刑から一年後、朗報がもたらされる。高倉天皇《たかくらてんのう》の中宮で清盛の娘である徳子が妊娠したことを受け、清盛は安産を祈願して大赦を行ったのだ。鬼界ヶ島にも船が現れ、大赦の文面が読み上げられて都に帰ることができる旨が正式に告げられた。

しかし、俊寛の本当の悲劇はここから始まる。大赦の文面には平康頼と藤原成経の名前しか書かれておらず、俊寛の名はなかったのだ。二人を乗せた船が島から去ろうとする時、俊寛は船にすがりつき、「これ、乗せて行け、連れて行け」と懇願したと『平家物語』には書かれている。

こうして、都に戻るという俊寛の願いは叶えられることもなく、彼は一人絶海の孤島に取り残されることになった。

なぜ俊寛だけが赦免されることがなかったのか……。その理由について後世の歴史家たちは、清盛は俊寛を引き立ててやったのに、自分を倒す謀議の場所として自らの山荘を提供したことを許しがたい行為と見なしたからだと解釈している。

また、ほかの二人には赦免を促す手紙が数多く寄せられたのに対して、俊寛に対するものは一通も届けられなかったという事実もある。

その後の俊寛については、絶望に打ちひしがれたまま鬼界ヶ島で世を去ったといわれているが、家臣だった有王《ありおう》という人物が密かに救い出して薩摩の本土へと連れ帰ったという説もある。事実は不明だが、島には今も憐れな末路をたどった俊寛の墓が残されている。

遺体を掘り返され野晒しに！父に偏愛され、天皇には疎まれた藤原頼長の最期

幼い頃から令名が高く、父から可愛がられ、才色兼備と謳われても、華やかな活躍が約束されているとは限らない。偏向した性格が災いして周囲に疎まれ、父の期

待とはかけ離れた末期を迎える者もある。

藤原頼長《よりなが》は保安元（一一二〇）年、関白・藤原忠実《ふじわらのただざね》の次男として生まれた。兄の忠通《ただみち》とは二十四も歳が離れており、やがて兄の養子となって昇殿し、右大臣を経て左大臣へと進むことになる。

父忠実は関白職を辞した年に生まれた頼長を、ことのほか可愛がった。中央を離れて籠居するなかで、関白を継いだ長男忠通とは距離が生まれ、幼い頃から才を見せ始めた頼長への愛着が強まっていったのかもしれない。

寸暇を惜しんで勉強し、学殖を積んだ頼長は、酒も飲まず、己に厳しい人物だったといわれる。ただ、その厳しさは他人にも向けられ、尋常とはいいがたい行動にも出た。公務への遅刻や欠席により邸を焼かれた者もあったほどである。

頼長は書庫を設けるにも完璧なまでに綿密な計算をし、一分の誤りもなく蔵書を分類、整理したという。その一方で、人の心を理解しない酷薄な性格であったらしい。よほど神経質な性格であり、その優秀さのあまり他人に対しても妥協できなかったのであろう。偏った性格と他人への容赦のなさから悪左府《あくさふ》と呼ばれて嫌われた。

やがて、兄忠通に四十七歳にして待望の男子が生まれたことで、頼長の立場は微妙なものとなった。忠通にとって、弟にして養子にした頼長は我が子の将来を危うくする。

こうして、忠実・頼長父子と忠通の間の溝は深まっていく。忠実は忠通に摂政職を頼長に譲るよう求めるが、忠通が応じるはずもない。鳥羽院に働きかけて関白に準ずる「内覧《ないらん》の宣旨」の資格を頼長に与えたうえ、藤原氏の氏長者《うじのちょうじゃ》の権利を忠通から取り上げて、これも頼長に与えてしまう。摂関家の内紛である。

しかし、頼長は鳥羽院にも、後白河天皇にも疎まれ、信頼を勝ち得ることができなかった。近衛天皇が十七歳で逝去すると、忠通は鳥羽院に対して頼長が呪詛《じゅそ》をかけたせいだと讒言。そのため、後白河天皇が即位すると、頼長は内覧の宣旨を得ることができず、鬱憤をさらにつのらせることとなったのである。

そして、兄・忠通を追いやって後釜に座ろうと、やはり目論見がはずれて不満を抱く崇徳上皇に近づき、保元の乱を起こすに至る。保元元（一一五六）年、鳥羽上皇が崩御すると、上皇派と天皇派の戦いは現実のものとなった。上皇派は忠実、頼長父子、源為義、為朝父子らで、機先を制しての夜討ちを献策する為朝を頼長がはねつけたことが敗因の一つといわれる。頼長にしてみると、上皇と天皇の争いに夜討ちなど卑怯な手はふさわしくなかったのである。

頼長がはねつけた夜討ちをもって逆に攻め込まれた上皇派は敗北する。上皇の後から敗走する頼長に、不意に白羽根の矢が突き立った。その矢は首に突き刺さり、ひどく出血する。頼長は重傷を負いながら奈良まで逃れたものの、この矢傷がもとで命を落とす。三十七歳であった。

頼長の遺体はほどなく埋葬されたのだが、その後、実検を受けたといわれる。本当に彼が死んだのかどうか確かめるため、役人と武士が遣わされ、墓を掘り返したのである。だが、肉がわずかに残る程度に白骨化し見分けがつかない状態になっており、再び埋葬もせずに放置されてしまった。酷薄な頼長に死後降りかかったのは、あまりにも薄情な現実であった。

保元の乱の恩賞に不満を持った者たちから憎まれた信西入道の無残な最期とは？

源平の時代、数多くの怪僧が政治の舞台で暗躍していた。時には源平の対立を演出した人物もいるほどだが、信西《しんぜい》という僧の名も源平時代の初期に大きな影響を及ぼした人物として歴史にその名を刻まれている。

出家前の信西の名前は藤原通憲《ふじわらのみちのり》という。名前からもわかるように、通憲は当時、摂関をはじめとして朝廷を支配していた名門藤原家に属する人物である。だが、摂政や関白を輩出する主流派とはほど遠い家柄だったことや、父親の実兼と七歳の時に死別してしまったこともあって、通憲は幼い頃から苦労を重ねていたようだ。

博学をもって知られた人物であり、『平治物語』では「当世無双の宏才博覧なり」と、『愚管抄《ぐかんしょう》』では「学生抜群の者」と評されるほどだった。おびただしい数の和漢の書を蔵し、日本に渡来してきた宋の国の使者と中国語で会話を交わす能力を身につけるなど、その勉強ぶりにも並々ならぬものがあったことでも知られている。

だが、通憲は学識だけではなく誇り高くもあった。それも人並み以上にである。自分より学識が低い藤原家の人々が、家柄がいいという理由だけで出世するのを通憲は許すことができなかった。

こうしたことへの苛立ちから、出家して〝信西〟を名乗ることを決意する。通憲三十九歳の時だった。

そんな信西に幸運が舞い降りる。再婚相手の藤原兼永《ふじわらのかねなが》の娘が雅仁親王《まさひとしんのう》の乳母を務めており、その雅仁親王が皇位に就任することになったのである。後に「日本一の大天狗」と呼ばれる後白河天皇の誕生である。

乳母の夫として、とたんに信西は重用されるようになっていった。後白河天皇が崇徳上皇と対立した保元の乱に勝利したため、信西の権力はさらに強まることになった。実務能力が抜群に優れていたため、間もなく法皇になって院政を開始した後白河院にとってはなくてはならない人物となったのである。

そのため、信西は人事や保元の乱で味方についた武将の論功行賞《ろんこうこうしょう》にまで決定権を握ることになった。この人事や恩賞に偏りが生まれたため、不満を持つ者が多くなっていった。たとえば、藤原信頼《ふじわらののぶより》である。順調に出世の道を歩んでいた信頼だったが、以前は同じ藤原家の人間でも格下と見向きもしなかった信西が、その趣向のお返しとばかりに高い人事評価を下してはくれないのだ。父と弟を敵に回してまでも戦った源義朝も不満だった。自分よりも活躍しなかった平清盛が高い評価を受けて播磨守に昇進したのが許せなかった。

信西は実務能力に長けた能吏ではあったが、人の心を知るという力には著しく劣っていたのかもしれない。人々の不満を感じることができなかったのである。

こうして、信西の独断に不満を持った人々が頼長、義朝のもとに結集し、仕掛けられたのが、平治元（一一五九）年の平治の乱だった。信西の武力的な支柱ともいうべき清盛が、熊野へ参拝に出かけるという報を聞いた藤原信頼と源義朝は、信西排除の格好の機会と反乱を起こす。

源義朝率いる武士団は、信西を抹殺しようと市中を捜したものの、姿が見当たらなかった。実は、信西はいち早く京を脱出していたのである。占いで不吉な結果が出たためとも、不穏な動きがあるという情報が寄せられていたからだとも諸説いわれているが、ともかく信西は宇治の南に位置する田原の里まで逃げていた。

ここで追手が迫ってきたことを知った信西は、従者たちに深い穴を掘らせ、竹筒を持って地中に埋まるように隠れた。だが、源氏の兵に捕われた従者が信西の隠れ場所を白状してしまったため、あっさりと捕えられて斬首される。五十五年の生涯だった。その首は市中を引き回されたうえ、獄舎の門の上に晒されたのであった。

こうして信西は苦労の末に得た権力の座から引きずりおろされ、この世を去ることになった。信西の時代を引き継いだのは、平氏の黄金時代であった。

作戦を邪魔した詫びを義朝に受け入れてもらえなかった藤原信頼

平治元（一一五九）年に起こった平治の乱というと、この戦いに勝った平清盛が権力の中枢へと駆け上り、平氏全盛の時代を形成するきっかけとなった戦いとして有名である。そんな稀代の武将である清盛に戦いを挑んだのが、これも稀代の武将といえる源義朝と、義朝と組んだ藤原信頼だった。義朝が頼みとして手を組むほどだから、藤原信頼という男はよほど武勇に長けた人物か、政治的能力の光る大物だと思いがちである。

だが、その実際はというと『平治物語』では「文にもあらず、武にもあらず、能もなく、芸もなし」と、凡人だったことが指摘されている。実際、藤原信頼の平治の乱における判断や対処の仕方を見ると、決断力と状況分析に欠けていたことは確かなようだ。仮に信頼の対処の仕方によっては、平清盛といえども、もっと苦戦したに違いない。また、戦いに敗れた後の身の処し方にも、評価を下げる慌てふためき方をしてしまった。凡人と後世に評価されても致し方のない人物だったといえるのかもしれない。

そんな汚名を残すことになる藤原信頼は、鳥羽院の近臣である大蔵卿《おおくらきょう》従三位《じゅさんみ》藤《ふじ》原忠隆《わらのただたか》の四男として生を受けた。六条摂政藤原基実《ろくじょうのせっしょうふじわらのもとざね》の正室となり、摂政関白の母となった姉妹がいるなど、藤原氏のなかでも名門の出といっていい。

源平の戦いが激しさを増す以前はというと、摂関家を藤原氏が世襲にするなど朝廷を藤原氏が牛耳っていた時代である。名門の出である信頼も、順調に出世街道を歩んでいくことになった。弱冠十三歳の康治三（一一四四）年には早くも正六位になり、やがて父・忠隆の知行国を受領していきながら、自身の地盤を固めていく。

飛躍的な出世を遂げたのは、後白河法皇に寵愛されるようになったことがきっかけだった。周囲から「あさましきほど御寵ありけり」といわれるほどの可愛がられようであり、たちまち蔵人頭中将を経て保元三（一一五八）年には参議に、そして権中納言右衛門督と昇進していった。これは、当時としては破格の出世だった。

しかし、「おごれる者もひさしからずや」である。調子に乗った信頼は、近衛大将の座に就任したいという野心を燃やしていった。後白河法皇にその旨を願い出ると、悪い返事は返ってこない。今度も自分の願い通り、出世が叶うとほくそ笑んでいた信頼だったが、この昇進に待ったをかける人物が登場する。それが信西入道だった。

保元の乱で勝者側の功労者となった信西は、それ以降の人事などをすべて掌握し、操っていた。抜群の事務処理能力は、後白河法皇にも文句のつけようがない。この信西が、藤原信頼の昇進に対して頑《かたく》なまでに首を縦に振らなかったのである。

信西が出家する以前の名は藤原通憲という。信頼と同じ藤原一門とはいえ、信西の家柄は低く、抜群の能力を宿していながら出世が叶わなかった経歴の持ち主である。そんな信西から見ると、家柄がいいだけで能力に欠ける信頼は、許すことのできない存在だった。自らが苦労して得た後白河法皇の黒幕的な存在という立場を利用し、信西は意固地なまでに信頼の昇進に反対していった。それとなく信頼の昇進をほのめかす後白河法皇に向かって、信頼を安禄山《あんろくざん》にたとえて諌めている。安禄山とは、唐の皇帝玄宗《げんそう》に寵愛されながら、最後には謀反を起こした人物のことで、信頼もそういった人物であることをほのめかしたのである。

出世の道を絶たれた信頼は、当然信西を深く恨むようになる。そして、同じく信西に面目をつぶされて腐っていた源義朝を巻き込み、平治の乱を起こしたのであった。いわば、平治の乱のそもそもの発端は、信頼自身の昇進問題に対する個人的な不満にあり、私怨から起こされた戦だったのだ。

反乱は上々のスタートを切る。憎き信西を討ち取ることに成功し、後白河法皇も自らの軍の監視下においていた。つまり官軍としての正当性を有していたのである。しかも、信西の軍事的な背景となっていた清盛は京におらず、熊野参詣に出かけている。信頼は有頂天になっていた。

早速、人事の刷新を自ら行った信頼は、念願だった近衛大将の地位を自分自身のものとし、源義朝を従四位下播磨守に任命するなど、大はしゃぎの人事を敢行している。義朝の長男である悪源太義平が、熊野から帰ってくる平清盛を阿倍野で迎え討とうという建議を提出したが、阿倍野まで出ていくと馬が疲れるという理由で義平の建議を却下。都に入れてから叩けばいいとのんびりとした対応を採ることを決定してしまった。

これが致命的なミスとなる。京に戻ってからすばやく態勢を立て直した清盛は、密かに後白河院を奪回。官軍となってから、攻撃を開始した。この時、信頼は侍賢《たいけん》門《もん》の守りを任されていたのだが、平氏軍のあまりの数の多さに恐れをなし、持ち場から逃げてしまうという失態を演じている。

戦いはあっという間に清盛を中心とする平氏方の勝利で幕を閉じた。都から脱出した信頼は、自ら取った愚かな対応に責任を感じていた。そして、同じく都を脱出していた源義朝の後を追うことにする。

義朝に謝罪し、もう一度頼ろうと考えたのであろう。だが、義朝の信頼に対する怒りは頂点に達していた。帯同することを求めた信頼に対して、義朝は「日本一の不覚仁」とののしり、鞭で信頼の左頬をひっぱたいてから置き去りにしてしまったのである。

結局、信頼は一人になってしまった。残るは命乞いをするのみと考えた信頼は、仁和寺の覚性法親王を頼るが、ここでも保護を断られたうえに平氏方に引き渡されることになってしまった。

信頼に残された道は斬首しかなかった。即日、六条河原で斬られ、二十六歳の生涯を閉じることになった。

◆コラム◆ 鎌倉幕府草創期の功労者、大江広元の子孫にあたる戦国大名とは!?

鎌倉前期の重臣大江広元《おおえのひろもと》。源頼朝亡き後の粛正の嵐をかいくぐった数少ない重臣の一人であり、北条家の執権政治の確立にも貢献し、晩年に至るまで武家政治の土台づくりに尽力した。広元はもともと京の貴族の出身で外記《げき》の官にあったが、頼朝に招かれて鎌倉に下り、元暦元（一一八四）年以来、幕府に仕えることとなる。政所《まんどころ》別当《べっとう》の初代を務め、朝廷との折衝で活躍した。守護・地頭の設置を頼朝に献策するなど、鎌倉幕府の草創に多大な貢献をしている。

彼には四人の息子がおり、長男の親広《ちかひろ》は京都守護についていたが、承久の乱で上皇方についたことから失脚してしまった。

ほかの三人の息子のうち、後世に続く大江一族最大の系統を生み出したのが、四男の季光《すえみつ》である。季光は父から相模の毛利荘を相続して毛利姓を名乗った。毛利と聞けば、誰しも戦国時代の武将毛利元就を思い浮かべるだろうが、まさしく元就は大江一族の末裔なのである。

さて、毛利季光は長男とは対照的に承久の乱で功をたて、関東評定衆《ひょうじょうしゅう》となっている。

ところが、父・広元の死後になって北条家に反旗を翻す。宝治元（一二四七）年に三浦泰村、光村兄弟の乱に加わったのだ。結局は敗れ、一族とともに鎌倉の法華堂にこもり、自害することとなる。

この時、季光の息子たちのなかでかろうじて生き延びたのが、四男の経光《つねみつ》だった。越後にいて乱に加担していなかったためだ。経光は越後佐橋《さばし》荘と安芸吉田荘の地頭職を務め、やがて四男の時親《ときちか》が越後佐橋荘南条と安芸吉田荘の地頭職を受け継いだ。

この時親こそ安芸吉田毛利氏の始祖とされる。

鎌倉幕府が滅亡すると、高齢となった時親は出家し、曾孫の元春が名代を務めることとなった。元春は吉田荘に郡山城を築いた人物であり、以降はここが毛利氏の本拠となる。

毛利元就が登場するのは、大江広元から数えると十四代目。彼は安芸吉田の小領主から一代にして中国地方全体を掌中に収める戦国大名にまで成長した。戦国の世において元就が天下を取ることはなかったが、その毛利家が治める長州藩はやがて倒幕の大きな推進力となっていく。こうした毛利家の歴史の転換期における知力を用いた活躍に、広元の血がうかがわれるといえよう。

第六章

合戦に引き裂かれた!?
あの人の熱い恋心

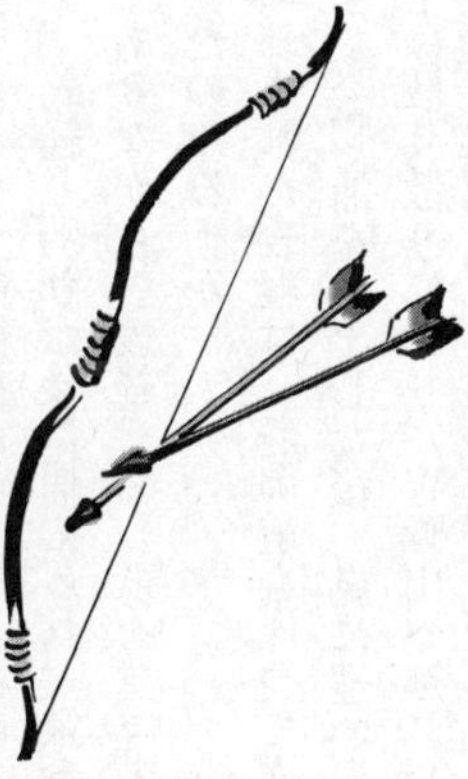

義経に愛された静御前は別離の後どうなったのか⁉

源義経《みなもとのよしつね》の愛妾として知られる静御前《しずかごぜん》。京の白拍子《しらびようし》の出身であり、母の磯禅師《いそのぜんじ》も白拍子だった。白拍子とは神事や宴席で歌舞を舞い踊ることを業《なりわい》とした女性たちである。

静御前の名前を聞いただけで、「しづやしづ　しづのおだまきくり返し　昔を今になすよしもがな」という歌を思い出す人も多いだろう。静御前がこの有名な歌を唄ったのは、源頼朝《みなもとのよりとも》、北条政子《ほうじょうまさこ》の前である。義経と別れた後に捕えられ、鎌倉へ送られた時のことだった。尋問を受ける身でありながら、義経を慕う歌を堂々と歌うとは、どのような覚悟があってのことだったのだろうか。

後白河法皇の策謀が一因となって兄・頼朝に疎まれた義経は、静御前も伴って文治元（一一八五）年、京を出て西国を目指すが、大物浦《だいもつのうら》を船出した後、嵐に遭い、岸に吹き戻されてしまった。これで大勢の部下は散り散りになり、吉野山へ逃れた時には、静のほか源有綱《みなもとのありつな》、堀弥太郎景光《ほりやたろうかげみつ》、武蔵坊弁慶《むさしぼうべんけい》だけになっていた。

ここで静は最愛の義経と別離の時を迎える。流浪の旅となる先々に思いを巡らせた義経は、静をひとまず京へ戻すことにした。京には彼女の母の磯禅師がいる。金銀と供をつけられ、彼女は泣く泣く義経の決断に従った。

ところが、静はこの後、供についてきた者に金銀財宝を奪われた挙句、冬のさ中、雪深い金峰山に置き去りにされてしまう。迷い歩くうちに蔵王堂にたどりつき、やがて京の守護職にあった北条時政に引き渡されることとなる。

そして、義経の居所についてさらに尋問を受けるため、母の磯禅師に伴われ、鎌倉へと送られていった。だがいくら厳しく追及されようと、知らないとしか答えようがない。彼女自身が知りたくて仕方ないくらいだっただろう。

そんな静が頼朝と政子の前で舞を舞ったのは、文治二（一一八六）年四月のこと。舞を鶴岡八幡大菩薩に供えるという名目で、度重なる要請を拒みきれなくなっていた。静は前述した歌に加え、やはり有名な「吉野山　峰の白雪踏み分けて　入りにし人のあとぞ恋しき」という歌を唄っている。義経と別れた悲しみ、慕い続ける心を大胆にも表現したわけだ。

居並ぶ御家人たちの間に緊張が走ったのも無理はない。案の定、頼朝は激怒した。関東の万歳を祝うのが筋であるのに、謀反人を慕う歌を唄うとはけしからんというのだ。

これをとりなしたのは妻の政子であった。冷酷無慈悲のように思われている政子だが、義経は零落し、もはや夫の敵とはなりえない。その義経を慕う静は実に弱い立場にありながらも、決然とした態度で挑発とも取れる歌を唄う姿が政子の哀れみを誘ったのであろう。頼朝への思慕と挙兵したおりの不安を引き合いに出し、夫を思う女の気持ちを訴えた。義経を恋い慕ってこそ貞女だといわれては、頼朝も怒りを収めないわけにはいかず、褒美までとらせた。

おそらく静は死を覚悟していたのであろう。それが思わぬ展開を見たのである。

ただし、彼女の苦悩は深まる一方だった。この時、義経の子を身籠っており、女児なら助けるが、男児なら殺すといい渡されている。不幸なことに生まれたのは男児。母・磯禅師は必死で抵抗する静から赤児を取り上げ、頼朝の使者に渡してしまった。義経の忘れ形見のように育んだ命は由比ヶ浜の海に消えた。

この後、静は失意のままに鎌倉を去る。政子は多くの贈り物をして送り出したが、最愛の人も子も失った静の心中はいかばかりであっただろう。

その後の消息は明らかではない。『義経記《ぎけいき》』では京に戻った後に出家し、天龍寺の麓で庵を結んだとされ、また『異本義経記』には、出家した後に名を変えて南都で暮らしたとする説もある。一方で奥州へ向かったとする説がある。もしかすると義経が奥州で死んだということを信じられず、愛する人を捜して各地を巡る余生を送ったのかもしれない。

英雄義経は女の敵!?
兵書を学ぶダシにされ捨てられた義経初恋の人

源義経というと、静御前との間で育まれた愛の話が有名だが、時代を超えた英雄として不動の人気を誇ってきた義経ゆえか、静御前以外の女性との間のロマンスも伝えられてきた。そんな義経を愛した女性たちのなかで、義経初恋の相手と伝えられているのが皆鶴姫《みなづるひめ》という女性である。

『義経記』によると、元服して九郎義経を名乗り始めた十七歳頃のことだ。平氏打倒の野望を秘めた義経は奥州平泉へと下った。ここで地盤を築き、平氏の圧力に屈することのない独立国を治めていた藤原秀衡《ふじわらのひでひら》を頼ったのである。

秀衡は、義経をまるで自分の子供のように可愛がった。秀衡からはいずれ協力を仰ぐことができると考えた義経は、この奥州で挙兵を待つ期間を利用し、武士としての能力を磨くため、日々を費やすこととした。そのためには、『六韜《りくとう》』と『三略《さんりやく》』という書が恰好の教科書であると考えるに至る。

『六韜』と『三略』は中国の兵書で、義経以前にも坂上田村麻呂《さかのうえのたむらまろ》や平将門《たいらのまさかど》などの名だたる人物たちが参考にしたといわれる書だった。義経が調べてみると、日本では京の一条堀川にいる陰陽師《おんみょうじ》・鬼一法眼《きいちほうげん》の家に秘蔵されていることがわかった。すぐに義経は京へと向かう。だが、法眼は当時はまだ名の知れない一介の武士である義経の願いを聞き入れることはなかった。それでも義経はあきらめない。法眼の館の一室に住み込んでしまい、機会をうかがうことにする。

そんな義経に同情を寄せた人物が現れた。法眼のもとで働いていた幸寿前《こうしのまえ》という女中である。幸寿前は法眼には三人の娘がいるが、末っ子はまだ嫁いでおらず法眼が可愛がっているという情報を与える。一計を案じた義経は、まずこの末娘に近づこうと考えたのである。この女性こそ皆鶴姫だった。

義経は、したためた恋文を幸寿前に渡してもらい、世間知らずだった姫を恋の虜にしていく。やがて、法眼の目を忍んで皆鶴姫の部屋へと通いつめる義経の姿があった。愛し合う仲になったある日、義経はいつまでも隠れて会うことはやめ、法眼に二人の仲を認めてもらおうと姫に提案する。だが姫にとって、それが法眼の怒りを買うことは明白だったし、勘当どころか義経とともに殺される危険すらあった。

嘆き悲しむ皆鶴姫を見た義経は、いよいよ本来の目的を果たそうと行動に出る。近づいたその目的は蔵に所蔵している兵書なのだと、姫に伝えるのだ。

利用されたことを知ったとはいえ、恋は盲目。義経に心底惚れている皆鶴姫は蔵へと忍び込み、兵書を義経に手渡す。それから義経は昼間は兵書を書き写し、夜はそれを暗記することに熱中していった。

やがて、不思議な男が法眼の館に居候していると調べた者がいた。それが源頼朝の弟にあたる義経であり、しかも皆鶴姫と深い仲になっていることが法眼に知られてしまう。

義経を住まわせていたことが平氏に知られてしまうと、自らの身も危険なものとなる。法眼は妹婿の湛海坊に義経の殺害を依頼するが、その計画を知った皆鶴姫は義経に通報。逆に義経は湛海坊を返り討ちにしてその首を法眼に差し出した。

こうなると、もう法眼のもとで暮らすことはできない。義経は目的は別だったにせよ、情が移ったか、愛するようになっていた皆鶴姫に別れを告げ、京の山科にあった隠れ家へと帰っていった。

一人残されてしまう形となった皆鶴姫は、嘆き悲しむ日々を送ることになった。忘れようとしても義経のことを忘れることができず、眠っている時は夢枕に義経が現れ、朝目覚めても義経の面影が浮かび上がる。思いを癒す術もなかった皆鶴姫は、とうとう義経と別れた年の冬、原因不明の病で床に伏せってしまった。物の怪《け》がとりついたのかと、祈禱師が呼ばれたりあらゆる薬が処方された。しかし、それらのかいもなく、皆鶴姫は十六歳の若さでこの世を去ることになってしまった。

以上が『義経記』に記された義経と皆鶴姫の恋物語である。だが、義経と皆鶴姫との恋は本当のものだったのかというと、空想の物語だというのが正解のようだ。そもそも史実を調べてみても、鬼一法眼という人物が存在した形跡がないのだ。法眼が架空の人物だとすると、その娘である皆鶴姫も想像上の女性ということになる。

今では、義経の英雄伝説に艶っぽさを出すために、皆鶴姫との初恋が用意されたのだろうと推測されているが、真面目な義経も人の子である。初恋は経験しているはずなのだが、本当の初恋の相手は誰だったのかを教えてくれる記録は残されてはいない。

もてすぎて清盛の怒りを買った美女・小督を待ち受けていた運命とは？

源平の時代も、今の世も、美女となると男性からもてはやされるのには変わりがない。だが、時に美女の存在は複数の男性を惑わせてしまい、難しい状況が生まれてしまうものだ。源平の世に美女と呼ばれた小督《こごう》という女性も、美女に生まれたがゆえに数奇な運命をたどることになった人物である。

小督の父は中納言《ちゅうなごん》藤原成範《ふじわらのしげのり》という。邸宅に桜を植えて楽しんだことから「桜町中納言」と呼ばれた風流な人物である。その成範の父親は、平治元（一一五九）年の平治の乱で平清盛と手を組んで戦った藤原信西。その信西の子である成範は、必然的に平氏と近しい間柄だったということができよう。

十代後半になった小督は、祖父・信西と清盛との縁もあってか、高倉天皇《たかくらてんのう》つきの女房として宮中で働くことになった。これが複雑な恋愛劇を生むきっかけとなった。当時十八歳だったといわれている小督の美しさは、美女揃いの宮中でもひときわ目立つものだったようだ。小督が高倉天皇の行幸に随従した際「人よりは殊に花々しと見えし」と『建春門院中納言日記《けんしゅんもんいんちゅうなごんにっき》』に記されているほどだ。

そんな美女を男性たちが見逃すはずもない。やがて、右少将の冷泉隆房《れいぜいたかふさ》が小督に言い寄り恋愛関係に陥った。彼は、代々院近臣《いんのきんしん》として栄えた家柄であり、和歌をはじめとして神楽、笛、琵琶などの諸芸をたしなむ風流な男性だった。

この貴公子隆房と、これまた風流な桜町中納言の娘である小督の間に芽生えた熱い恋愛は、華やかなものと容易に想像できよう。だが、隆房には問題があった。すでに妻があり、子供も誕生していたのだ。当時の婚姻制度から考えると一見当たり前のようだが、隆房の妻は清盛の四女だったから話はより難しい。妻と別れて小督のもとへと走れば、隆房は破滅へと追いこまれることは自明の理だった。

問題はさらに複雑なものとなる。妻子ある男性と恋愛関係にある小督に、またもや別の男性が思慕の情を抱いてしまったからだ。その男性とは、小督が仕えていた高倉天皇その人だった。

幼かった高倉天皇もいつしか青年へと成長していた。そして、宮中で自分に仕える年上の美しい女性の虜となってしまったというわけだ。小督を寵愛するようになるまでに時間はかからず、小督は今でいう二股の状態に追いこまれてしまった。しかも、高倉天皇の中宮は、こちらも清盛の娘である徳子《とくこ》である。まさに究極の二重不倫。清盛に知られたら小督の命はすぐにも消え去ってしまう。小督は心苦しいどころか生命すら危ぶまれる立場に追いこまれてしまったといえよう。

そしてその時はやってきた。最悪の事態が小督を襲う。彼女の二重不倫が清盛の知るところとなってしまったのである。清盛の怒りが心頭に発したのはいうまでもない。これを察知した小督は宮中から逃げ、嵯峨野《さがの》付近に身を隠してしまった。

驚いたのは寵愛する女性が突然いなくなってしまった高倉天皇である。そこで源仲国《みなもとのなかくに》に命令して小督を捜し出させて密かに宮中へと連れ戻すことにした。人目のつかないところに住まわせ、清盛の目を逃れて逢引する日々が続くことになった。二人の間には、範子内親王が生まれたといわれている。

だが、内親王誕生の情報も清盛の耳に入ってしまった。清盛は小督が二度と宮中に出入りできないようにと、小督を無理やり出家させ清閑寺《じょうかんじ》という寺に追放してしまったという。この時、小督は二十三歳という若さだった。彼女は不倫のツケというには、厳しすぎる余生を送るはめになってしまったのである。

小督が出家させられ、宮中より姿を消すと、高倉天皇はほどなく病死する。小督は清閑寺において天皇の菩提を弔い、四十四歳でこの世を去ったといわれている。

一方で興味深い伝説が福岡県に伝わっている。それによると、小督は出家の後、大宰府の縁故を頼って九州へと向かう。だが途中、慣れぬ旅の疲れから病に倒れ、二十五歳でこの世を去ったというものだ。福岡県田川市の成道寺に墓が残っている。

かつて愛し合った平資盛を慕い続ける日々を送った建礼門院右京大夫の晩年

源平合戦の関係者を整理してみると、こと女性に関しては平氏側により多くの魅力的な女性が存在する。やはり、平氏全盛期を平家の公達とともに謳歌し、その斜陽とともに自身も没落していった生涯に哀切が漂うことが大きな理由であろう。

平氏繁栄の時代にあって、これに関係する女性たちは、古典的な遊びに興じ、歌を詠み、そして『源氏物語』のように燃えるような恋をした。そんな男女関係のあやも、平氏方の女性をより魅力的で個性のある人物としてとらえやすくしているのだ。

平清盛の娘で、後に後白河院と結ばれた徳子の女房として仕えた建礼門院右京《けんれいもんいんうきょう》大夫《だいぶ》も、激しい恋に身を焦がした女性の一人である。藤原伊行《ふじわらのこれゆき》の娘として生まれたが、才色兼備の女性として名高く、宮中で彼女が仕えた建礼門院徳子から目をかけられた。

父伊行は書家として名をなし、母である夕霧も楽器の箏《そう》の名手というから、芸術家一家の出であった。建礼門院右京大夫も豊かな芸術的感覚を受け継ぎ、彼女の場合は歌で才能を開花させることになった。後に、藤原定家《ふじわらのさだいえ》が『新勅撰集《しんちょくせんしゅう》』に、彼女の歌を二首入れているのを見ても、彼女の歌が高く評価されていたことがわかる。

右京大夫は十七歳の頃に宮仕えに入った。最も多感な時期にそれまで知らない宮中の華やかで雅な生活を目の当たりにすることになる。

色恋沙汰の絶えない宮廷生活の中で、美人である右京大夫は数多くの男性に見初められ、やがて右京大夫自身も激しい恋に身をやつすことになっていった。相手となった男性は二人。一人は肖像画家として一世を風靡していた藤原隆信《ふじわらのたかのぶ》。そして、もう一人は美男子として女性の間で人気の高かった平資盛《たいらのすけもり》である。

歳上の藤原隆信と歳下の平資盛。おおらかな愛で右京大夫を包む隆信と、若々しく激しい情熱で右京大夫を愛する資盛と、対照的な二人だが、共通しているのはともに歌人としても高い評価を受けていることだった。そんな歌人としての才能も、彼女が二人の男性に魅了されていった一因だろう。

二人の男性の狭間を揺れ動いた右京大夫の想いだが、やがて平資盛へと傾いていく。だが、若いとはいえ資盛はすでに正室を迎えていた。資盛は平清盛の嫡男である重盛《しげもり》の次男である。右京大夫の身分から考えて、彼女が資盛の正室の座に就くことは考えられないのは彼女自身も十分理解していたことだろう。

やがて、資盛への想いを断ち切ることができずに苦しんだのか、右京大夫は母の病を理由として治承二（一一七八）年に、突如として宮仕えをやめてしまう。この決断が、その後の右京大夫の人生を大きく左右することとなった。

それから五年後の寿永二（一一八三）年に平氏一族は源氏の侵攻によって都を追われてしまったからだ。右京大夫が仕えていた建礼門院も都落ちの面々のなかに含まれており、右京大夫が宮中に残っていたとすれば、彼女も行動をともにしていたことは明らかである。もちろん、右京大夫が愛した平資盛も西下した都落ちの人々のなかに含まれていた。

複雑な思いで京に残っていた右京大夫のもとに、やがて壇ノ浦で平氏が滅亡したという知らせが届く。彼女が愛した資盛も戦闘で討ち死にしていた。随行した女性たちは、海中に身を投げ、この世を去っていった。自分が宮中に残っていたら、海の中に身を投げていたかもしれないという思いと、愛する男性が戦死したという悲しみが入り混じり、右京大夫の心は乱れたようだ。文治元（一一八五）年に傷心を癒すために出かけた琵琶湖の畔で、右京大夫は海に沈んだ資盛に会うことができるのなら、自分の身も琵琶湖に投げてしまいたいと次の歌を詠んでいる。

「恋ひしのぶ　人にあふみの海ならば
　荒き波にもたちまじらまし」

だが、右京大夫は自殺することはなかった。周囲の勧めに従い、再び宮中に戻り、後鳥羽天皇に仕えている。とはいえ、資盛への想いを断ち切ることができたというわけではない。むしろ右京大夫は決して資盛のことを忘れることはなく、慕い続けていたようだ。

先に紹介した藤原定家が編纂する本に右京大夫の歌を入れる時、すでに出家し、法名を名乗っていた彼女に作家名はどうするかと尋ねたところ、いろいろな想いが詰まった当時の名前を残したいと答えたという。彼女の胸の中には、その身は老いても若かりし頃の資盛に対する想いが尽きずに残っていたのだろう。

夫しか愛せないはずが、しっかりと再婚していた平維盛の妻

平維盛《たいらのこれもり》というと、すでに紹介したように平氏の都落ちに帯同しながら各地で源氏との戦いを繰り広げた後、平氏の一行から離脱した人物である。京の都へ戻るべく吉野の山中に潜伏していたが、平氏の未来に絶望して入水自殺を遂げたといわれている。

はかない最期を遂げた維盛であるが、彼は愛妻家としても知られていた。妻は後白河院から信任の厚かった藤原成親《ふじわらのなりちか》の娘である。かたや平清盛の嫡孫にあたる美男の誉れ高い維盛と、後白河院の寵臣の美しい娘は、維盛が十五歳、藤原成親の娘が十三歳の時に結婚している。平氏のなかでも仲睦まじい夫婦であった二人だが、

都落ちの際、維盛は妻と二人の間にできた子供を京に置いて去っている。ほかの平氏の武将たちが妻を連れて都落ちしたのとは、対照的な行動だった。

維盛が妻を置いていく理由は、いくつか考えられる。一つは、藤原成親が後白河院の命令を受けて平清盛を倒すと秘策を練ろうとした鹿ヶ谷《ししがたに》事件で死罪になっていることだった。その娘がほかの平氏の妻とともに行動することは、妻が肩身の狭い思いをするのではないかという維盛の思いやりである。

維盛には、平氏の未来が見えていたことも理由に挙げられるだろう。平氏は近い将来滅亡すると感じていた維盛は、自分は一行から離脱して妻と再び暮らしたいという考えもあった。そのためには、京に残していったほうが得策だと考えたのである。

しかし、そんな維盛の考えを妻は理解してくれなかった。自分と子供を置いて京を去るという維盛に、自分も連れていって欲しいと泣いて嘆願する。維盛は、たとえ自分が討たれたと聞いても出家などせず、別の男性を見つけて再婚して欲しいとの言葉を発すると、妻は、「あなたに捨てられたら、もう結婚する気などない」と答える。だが維盛は妻の願いを聞き届けることなく京を去っていった。

こうなっては夫の帰りをじっと待つしかないと考えた維盛の妻は、嵯峨の大覚寺《だいかくじ》に身を潜めていたが、やがて源氏の勝利の報が届くとともに、夫も死亡したという知らせを聞く。そのうえ、息子・六代《ろくだい》は源氏の残党狩りの手に捕えられ、僧の文覚《もんがく》によって助命されたものの、彼女は我が子とも離れ離れの生活を送ることになってしまった。

愛する夫と息子を失ってしまった維盛の妻だったが、彼女は出家することもせず、世をはかなんで自殺することもなかった。そればかりか夫の維盛が死んで間もなく、しっかりと再婚していたのである。

再婚相手は吉田大納言経房《よしだのだいなごんつねふさ》で、源頼朝からの信任も厚かった公卿である。おそらく維盛のような眩いばかりの魅力を持った人物ではなかったであろうが、手元に残された娘と二人だけで生きていくのは難しく、早々と、次の夫を捕まえたのであろう。それが維盛の妻にとって、生き抜くための最良の方法だった。

夫の言いつけを守ったといえばその通りなのだが、「あなたに捨てられたら、もう結婚する気などない」とまで言い放ち、深く愛し合った夫の死後、素早く再婚した維盛の妻の生き方に、女性のたくましさが垣間見えるようだ。

心優しき夫・平通盛の後を追った身重の妻・小宰相の悲劇

平氏の都落ちから壇ノ浦の合戦における敗戦、そして入水自殺に終わるまでの間、多くの男と女の悲劇が起こっている。だが、平通盛《たいらのみちもり》とその妻・小宰相《こざいしょう》の間に起こった悲劇は、小宰相が子供を身籠っていたがゆえに、その悲劇性を高めていよう。

小宰相は仁安元（一一六六）年生まれ。平氏が都落ちしたのは寿永二（一一八三）年のことだから、この時、小宰相は十八歳という若さで平家一門に帯同していたことになる。しかも、小宰相は平通盛と結婚してまもない時期だった。あと一年結婚を待っていたとしたら、おそらく悲劇の都落ちに帯同する必要は生じていなかったであろう。その出自を探っても、平家との縁がそれほど深い家柄に生まれたわけではないのだ。

そんな小宰相が若くして平氏の嫁となったのは、小宰相を見初めた平通盛が熱烈な恋文を送り続けたことにあった。

平通盛は仁平三（一一五三）年生まれ。平教盛の嫡男にあたるので、清盛の甥っ子になる。父・教盛《のりもり》は清盛に最も愛された弟だったこともあって、清盛はその嫡男の通盛も可愛がったのだろう。通盛は清盛邸のすぐ脇に屋敷を構えていたため、「門脇宰相《かどわきさいしょう》」「門脇の中納言」と形容されていた。

二人の出会いは通盛が三十歳を越え、小宰相が十六歳であった時のことだ。この頃、小宰相は鳥羽法皇の皇女である上西門院《じょうさいもんいん》に仕えており、宮中でも一、二を争う美女として評判になっていた。ある日、上西門院が法勝寺《ほっしょうじ》に参詣することになり、小宰相も随行していた。その姿を見た平通盛が小宰相に文字通り一目惚れしてしまったのである。

通盛は小宰相に宛てて何度も恋文を送り続け、自分の恋心を理解してもらおうと努力した。だが、恥じらい深かったためか、それとも通盛に興味が湧かなかったのかは定かではないが、小宰相は返事を一通も通盛に送り返してはこなかった。それでも、通盛は諦めない。繰り返し、恋文を送り続けた。その歳月は三年に及ぶというから、通盛の小宰相への想いも相当強かったのだろう。
苔の一念岩をも通すというべきか、ついにその想いがかなえられる日がやってくる。

　ある時、小宰相が抱えていた通盛からの手紙を、上西門院の前で落としてしまったことが転機であった。それを拾いあげた上西門院は手紙を読んでしまい、通盛の熱い想いを知ってしまったのである。通盛の小宰相への想いは真剣だと判断した上西門院は、二人の仲を取りもつ役を買って出た。その効果は覿面《てきめん》で、ここにようやく二人は結ばれることとなったのである。

　だが、二人の幸せな日々は長くは続かない。寿永二（一一八三）年、木曾義仲の侵攻によって、平氏は都落ちすることになってしまったからだ。無論、都落ちする一行のなかには、通盛と小宰相の二人も含まれていた。小宰相は足手まといになるから京に残るべきだという両親からの警告を無視してまで、通盛と同行する道を選択していた。

この都落ちの際、愛し合う二人が常に身を寄せ合っていたかと連想しがちだが、実際は船に乗りこむ際に二人は別々の船に乗せられてしまったため、語らい合うどころか、会話を交わすことさえできなかったと『平家物語』には書かれている。それに加えて、通盛は一門を統率する武将としても重要な役目を負っていた。実際、小宰相に恋文を送り続ける一方で、通盛は武将として精力的に転戦しており、都落ちする前はたびたび義仲軍を阻止するために北陸へと出征しては健闘していた。

寿永三(一一八四)年、都落ちした平家一行はかつて清盛が遷都した福原で戦闘の準備をしていたが、この時、久々に小宰相は愛する夫・通盛と会うことがかなった。ここで、小宰相は通盛に重大な告白をする。通盛の子を身籠ったという報告である。驚き、無邪気に喜びつつも、通盛は平氏に滅亡の時が迫っているのを予感していたのだろう、男の子を産んで自分の忘れ形見にするよう小宰相を励ましている。

通盛の予感は現実のものとなった。妊娠の知らせを聞いたのちの寿永三(一一八四)年二月七日の未明、源義経率いる源氏の軍団に急襲された平氏は、一ノ谷の戦いで大敗して多くの死傷者を出すことになる。死者のなかには、通盛も含まれていた。

安徳天皇や建礼門院らと命からがら戦場を脱出して、船で沖へと出ていた小宰相のもとに通盛討ち死にの報が届く。小宰相が悲しみ嘆いたのも無理はない。心配した乳母たちは、生まれてくる通盛の子供のためにもしっかりと生きるようにと説得した。一度はこの説得に強く頷いた小宰相だったが、彼女はあの世で愛の続きを感じたいと強く願い続けていたようだ。

乳母が目を離した隙に、お腹の子とともに海へと身を投げたのである。わずか十九年の生涯だった。あの世で愛する夫と仲睦まじく暮らしたことを祈りたい。

どうして私がこんな目に……!?
頼朝が寵愛した女性たちを襲った未来とは!?

慎重で堅物という感の強い源頼朝だが、意外にも数々の女性遍歴があったと伝えられている。もっとも中世という時代背景を抜きにして、妻帯者の不倫は許されないといった現代の倫理観を当てはめようとするのは早計であろう。

確かに武士の慣わしとして、有力武将は自分の血を受け継ぐ子を多くなして、家を末代まで繁栄させようとの考えも根深くあった。保元・平治の乱において血族を次々に失った末、頂点に立った頼朝にとって、その思いは一段と強かったであろう。

だからといって浮気をされる側も鷹揚《おうよう》に構えていたとは限らない。愛する人への慕情や嫉妬といったものは、今と変わらぬものである。

なかでも頼朝の妻・北条政子は、夫がほかの女性と関係を結ぶと烈火のごとく怒った。もちろん嫉妬に加えて、現実的な問題もある。頼朝の寵愛を受けた女性が世継ぎの候補となる男児を産みでもしたら、自らの将来の立場を危うくする脅威となりかねない。さらには源氏家中におけるお家騒動へと発展する可能性だってあるのだ。

こうした政子の性格や立場を考慮してか、頼朝は亀前《かめのまえ》という女性との関係においては、持ち前の慎重さを見せている。

亀前とは頼朝が伊豆に流されていた頃出会い、政子との結婚前から懇《ねんご》ろになっていた愛妾であった。頼朝は彼女を鎌倉に呼び寄せたものの、町中を避け、小坪にある小中太光家の屋敷に住まわせていた。

そんなおり、身重の政子が産所とした比企谷殿に移り、大倉御所を空けることとなった。すると頼朝は安産祈願に若宮大路の段葛《だんかずら》の参道を造らせるなどする一方

で、亀前を御所に近い伏見広綱の屋敷に移し、密かに通い始めたのである。

出産で妻が家を空けている間の秘め事、しかも亀前は柔和な性格で政子とは正反対のタイプだったと伝えられるから、現代でもよくある話といえなくもない。

やがてこの浮気は、無事長男・万寿《まんじゅ》（頼家《よりいえ》）を出産した政子の知るところとなった。

亀前にとって平穏だったはずの暮らしは、政子の逆鱗に触れたことで破壊されることとなる。そもそも慎重に行動していた頼朝の浮気が発覚したのは、北条時政の後妻で、政子の継母にあたる牧の方による密告だった。怒った政子は牧の方の父親で家臣でもある牧宗親に命じて、広綱の屋敷を叩き壊させ、亀前に侮辱を加えた。

亀前は危ういところを広綱に救われ、鎌倉を出て逗子の大多和義久の屋敷へと逃亡。これを知って、今度は頼朝が怒りを爆発させる。牧宗親を呼び出して大多和義久の家に連れて行くと、広綱の面前で何があったのか白状させた。そして、政子の命令とはいえ、自分に知らせるのが当然だとなじり、平謝りする宗親の髻《もとどり》を切ってしまった。武士に対する大いなる侮辱である。

するとは今度は政子の父時政が怒り、伊豆に引き揚げる騒ぎが発生。義理の父への侮辱は許し難いという意思表明である。

恐ろしい目に遭った亀前も、もう伊豆に戻りたいと願い出るが、頼朝は政子の期待通りには動かない。ますます亀前に対する寵愛を深め、やがては元の小中太光家の屋敷に移している。これに対して政子は広綱を遠江への流罪に処した。腹いせに、しかも独断で行ったことであり、広綱はとんだとばっちりを受けたことになる。

源氏の棟梁頼朝と政子ともなると夫婦喧嘩ここに極まれりといった感があるが、見初められた女性も取り巻く家臣も大変だ。

しかし頼朝はこれに懲りることなく、以降も自らの欲望に従っていく。女性にはまめなところがあったようで、幕府草創で多忙を極めるなか、亀前の一件と同じ頃にほかの女性にも恋文のようなものを送っている。

その相手とは頼朝の異母兄・悪源太義平の寡婦、つまり義姉であった女性だ。義平の死後、父・新田義重のもとへ帰っていたのだが、頼朝の手が伸びてきたことを知った義重は、娘を再婚させている。亀前の例を知って、政子を恐れてしたことだった。

政子は頼朝がほかの女性に手を出すたびに激怒した。彼女には守るべき立場があり、諦めて夫の性向を受け入れるわけにはいかなかったのだろう。その陰で相手の女性たちは政子の仕向けた戦いに虚しく敗れ、打ちのめされていったのである。

失われた初恋を想う日々を送った頼朝の長女大姫の悲劇的結末とは？

有力武家同士による政略結婚は、長きにわたって行われてきたが、猫の目のように状況が変わる争乱のご時世にあっては、数々の悲劇を生んできた。源頼朝の娘・

大姫こそ、その悲劇の舞台の主役になってしまった一人といえよう。

大姫は頼朝と北条政子の間に生まれた長女で、生年は治承二（一一七八）年、もしくはその翌年とされている。彼女の人生の歯車が早くも狂い始めたのは、まだ六歳か七歳の頃だった。

悲劇の始まりの背景にあるのは、頼朝と木曾義仲の間の不和である。頼朝は寿永二（一一八三）年三月に義仲討伐のため信濃に派兵し、退却を余儀なくされた義仲は和議を申し入れた。この際の講和の条件が、義仲の十一歳になる長男・義高を人質として鎌倉に送り込むことだった。義高を頼朝は大姫の許婚《いいなずけ》として受け入れ、和睦が相成ったのである。

六歳くらいの女子と十一歳の男子が政略上の理由で婚約することは、当時としては決して珍しくもない。とはいえ、幼い大姫にしてみれば、未来の夫となる少年が鎌倉に現れたことは、胸躍る一大事だったに違いない。

ところが、大姫が描いた甘い夢は父の手で無惨にも打ち砕かれてしまう。この年の七月には義仲が上洛したため、頼朝との関係は急速に悪化。十二月に義仲が頼朝に対抗する立場を公然と打ち出すと、頼朝は本格的な制圧に乗り出した。そして、翌年の寿永三（一一八四）年一月、義仲は宇治・瀬田の戦いで戦死を遂げたのである。

鎌倉で人質にとられていた義高も、まだ少年とはいえ義仲の長子であり、頼朝としては穏便《おんびん》に済ませるわけにはいかない。義高はいったん鎌倉から逃れることに成功するが、入間川の畔に潜伏しているところを堀親家の郎従に討ち取られた。

事の次第を漏れ聞いた大姫は、悲嘆にくれて、水ものどを通らないほどの衝撃を受けたという。大姫の両親頼朝と政子はおそらく時間が解決してくれると期待したのだが、大姫はその深い傷から立ち直ることはできなかった。床に伏し、やつれ衰えていくばかりだったのだ。

政子は心を痛め、義高を斬り捨てた堀親家の郎従に怒りの矛先を向けた。義高を見つけた時に自分に密かに知らせていたら、なんとか対処のしようもあったというわけである。怒りは憎しみへと変わり、しまいには頼朝に要求して掘親家を処罰させている。

もちろん大姫の幼い乙女心は、母親が手を回して許婚の仇を取ったところで晴れようもない。十代になると鬱病状態に陥ってしまった。困りに困った頼朝と政子は義高の追善供養までしているが、症状が改善する兆しは見えないままだった。

十七、十八歳になった頃には、頼朝の妹婿である一条能保の子、高能との縁談も出ている。娘の身を案じる政子はなんとか嫁がせようと話をもちかけたが、大姫は興味すら示さず、無理強いするなら投身自殺するとまで言い切って拒絶した。

この後、頼朝は大姫を入内させようと考えるに至る。後鳥羽天皇の後宮に入れば、皇子を産むかもしれないという目論見だ。建久六（一一九五）年、大姫は頼朝と政子に連れられて初めての上洛を果たした。

だが、大姫が入内することはなかった。頼朝は入内工作のため盟友の九条兼実《くじょうかねざね》ではなく源通親《みなもとのみちちか》に接近。だが、通親によって逆に利用され、兼実らの親幕派公卿の失脚を招いてしまう。さらには父親が計画を実現できずにいるうちに、当の大姫は建久八（一一九七）年、病のために世を去ってしまった。

大姫の一生は鎌倉では貞女の操行と誉め称えられたが、貞女などという見方を押しつけるには婚約した時期があまりに幼い。あまりに過酷な現実にやわらかな心を打ち砕かれ、内に閉ざしたまま、それ以上傷つけられることを拒んだと考えるのが正しいのではないだろうか。はかなくも悲しい一生であった。

敵将に捧げた晩年！ 捕虜となった平重衡を慰めた美女千手は思い出に殉じた！

危機的な状況におかれると、より一層恋の炎は激しく燃え上がるという。処刑される捕虜の世話をする女がやがて、はかない想いを抱くようになったとしても不思議ではないだろう。男が世に聞こえた立派な武将で、凜々しい魅力を備えていればなおさらだ。

恋に落ちた女は頼朝に仕える千手《せんじゅ》という女房、相手は平清盛の五男にあたる平《たいらの》重衡《しげひら》である。重衡は一ノ谷の戦いで捕えられ、平氏滅亡の後、捕虜として鎌倉に送られていた。武勇の誉れ高い相手だけに、頼朝も丁重に扱い、狩野介宗成《かのうのすけむねなり》のもとに預けている。頼朝の尋問に対しても、重衡は腹を据えた堂々たる態度で答え、優雅な物腰とともに鎌倉武士を感嘆させることとなった。

千手は頼朝の命を受けて、狩野介宗成邸に送り込まれた。はじめは湯殿の世話をしたのだともいう。彼女はもともと手越の長者の娘と伝えられており、頼朝の寵愛を受ける身であったが、重衡の慰安のために差し出されたのだ。

二十歳の美女は、親身になって重衡の世話を焼いた。酒宴が設けられた時には、朗詠や琴を披露し、寺を焼いた大罪に苦しむ重衡を慰めた。仏は極悪人でも浄土に導いてくれる、極楽を願う人は皆弥陀の名号を唱えるべしと今様《いまよう》を唄うと、重衡はようやく盃を傾け、夜が明けるまで宴は続いたという。

重衡は平氏が栄華を極めた頃は牡丹の花にたとえられた男であり、美男であったという。朗詠や琴の優雅な遊びには慣れ親しんでおり、千手の心を強く惹きつけるものを持っていたのであろう。

だが、千手の恋は必然の終わりを迎える。重衡の堂々とした態度は頼朝をして助命を考えさせるまでになっていたのだが、重衡は南都《なんと》攻撃で諸寺院を焼き討ちした首謀者と見なされており、法師たちが容赦するはずもない。やがて南都に引き渡され、斬首の刑を受けることとなる。

重衡が南都へ送られ、処刑されると、悲しみにくれる千手はすぐさま出家してしまった。そして、信濃の善光寺で重衡の菩提を弔い、往生したのである。

ただし、これは『平家物語』の語る千手のその後であり、『吾妻鏡』には三年後に死んだとする記述がある。こちらでは尼にもならず、善光寺へ赴いて往生したとも書かれていない。重衡が死んでから三年後のある日、千手という女房が気絶して三日後に命が尽きたとしている。

どちらが正しいのか定かではないが、『吾妻鏡』でも千手の死の原因は重衡と結びつけられている。亡き重衡を慕うあまり病に倒れたのではないかと、世の人々の憶測を呼んだというのである。刹那に燃えた恋が本当に寿命を縮めたのかどうか、今となっては知る由もない。

結局男はわかってくれない！
川面に消えた若き日の高野聖と横笛の悲恋

身分の高い人々が華やかな宮廷生活を送る一方で、下級に位置する男女たちも密やかに恋の花を咲かせていた。そのなかには自らの意思とは裏腹に引き裂かれた男女も、数知れずあっただろう。

後に高野聖《こうやひじり》と呼ばれる滝口入道《たきぐちにゅうどう》という僧がいた。平維盛の最期を見届けたともいわれる僧である。彼には、横笛という女との恋を父に反対されて出家したという過去があった。

滝口入道はもとの名を斎藤滝口時頼《さいとうたきぐちときより》という。滝口とは清涼殿《せいりょうでん》の北東の溝の水の落ちる口のことで、ここの詰め所で宮中の警護、雑役にあたる武士は、滝口の武士と呼ばれた。

相手の横笛《よこぶえ》は、建礼門院の雑仕女《ぞうしめ》。出自は定かではないが、神崎の遊女宿の娘で、その美しさが清盛の目にとまり、早くから娘・徳子に仕えるようになったともいう。徳子入内に従い、彼女が建礼門院と号した後も雑仕女であったということだ。雑仕女とは雑役にあたった下級の女官で、いうなれば下働きである。

決して地位の高くない者同士の恋だったわけだが、時頼の父には別の考えがあった。息子を権力者の娘の婿にし、後ろ盾をつけてうまく世渡りできるようにと計画していたのである。にもかかわらず雑仕女との恋愛……。父は時頼を身分の低い女に惚れ込むとは何事かと叱責した。

時頼は考えた。人生長くて七、八十年、盛りの時期はわずか二十年と短い、好きでもない醜い女と結婚しても何の甲斐もないが、想う人と連れ添うことは父の命に背く。ならば、仏の道に専念しようと出家を決めたのである。まだ十九歳だった。

横笛は愛する人が突然、嵯峨の往生院に入ってしまったと聞き、当然衝撃を受ける。何の断りもなく、一人残されたのだから、どういうつもりなのか、本当のところを聞き出したいと思ったに違いない。

そこで、どこにあるかも知れぬ往生院を探し歩いた末、ようやくある寺で愛しい男の読経の声を聞く。門を叩き、会わせてくれと頼むのだが、そういう人はいないといわれてしまう。滝口入道と名を改めた時頼は、心が乱れては仏道修行の妨げになると考え、会わずにおくことにしたのである。

そのうえ、再び横笛が訪ねてくると動揺するからといって、嵯峨を出て高野山の清浄心院に入ってしまった。

横笛は本心を聞いて納得するどころか、傷心のあまり自らも仏の道に入ることに決める。彼女の出家を伝え聞いた滝口入道は歌を一首送った。

「そるまではうらみしかどもあづさ弓　まことの道にいるぞうれしき」

自分も剃髪するまでは世を恨みもしたが、横笛も仏道に入って嬉しいと伝えたのである。これに対して、横笛も歌を返した。

「そるとてもなにかうらみむあづさ弓　ひきとどむべきこころならねば」

時頼が剃髪したからと恨むはずもない、とても止めようもない心だから、自分も出家したということだ。

恋を諦め、愛する人と同じ道を歩く覚悟をしているように聞こえるが、実際のところ横笛の心は千々に乱れていた。滝口入道の歌を受け取り、自分の気持ちを全く理解してくれていないことに絶望したのだろうか。奈良の法華寺にいた横笛は、やがて入水して世を去る。場所は桂川だったとも、大井川だったともいわれている。相手の男が徳の高い聖になるのに対し、若くして恋散った横笛はあまりに哀れである。法華寺には今も紙製の仏像があり、横笛が時頼の恋文で作ったと伝えられている。また、この二人の悲恋も後世の人々の同情を買わずにはいられなかったようだ。京都の滝口寺には、滝口入道と横笛の座像が仲よく並んで祀られている。

◆コラム◆ 源頼朝と豊臣秀吉は友達だった？ 秀吉に「天下友達」と言われた頼朝

源平の合戦を制した源頼朝が世を去ってから月日は流れ、安土桃山時代になった頃。約四百年も後の時代に頼朝の友達を名乗る人物がいた。それは、天下統一を成し遂げた時の覇者、豊臣秀吉である。

彼は小田原征伐に成功した直後、鎌倉見物をした。その際に鶴岡八幡宮に参詣の後、源頼朝を祀る白旗神社を訪れている。そこで秀吉は、よっぽど気分がよかったのか、絵の頼朝に向かって語りかけた。

「日本史上、微賤の身から天下統一を成し遂げたのは、あなたとこの秀吉のみ。しかし、あなたは王族の後胤《こういん》だから、遠縁の頼義、義家殿が東国の武士を従えた。流人であっても、挙兵時には多くの武士が馳せ参じた。それに比べわしは、氏も系図もない匹夫《ひっぷ》から出て六十余州を手中に収めた。そう考えると、創業の功は、わしのほうが上と言えるはず。とはいえ互いは『天下友達』といえような」。そして絵の頼朝の肩をたたき呵々《かか》と笑ったという。これは天正十八（一五九〇）年の『関八州古戦録《かんはっしゅうこせんろく》』に記される逸話である。

確かに二人は微賤の身分から武力によって天下を統一している。しかし当然のことながら、その道のりは大きく異なる。

源頼朝の天下取りは伊豆に配流されていたところから始まる。父・義朝が平治の乱で平清盛に破れたことが理由。父や兄は斬刑に処せられ、頼朝も同じく命を奪われそうになったところへ、清盛の義母・池禅尼の口添えによって命拾いをしたのである。

頼朝は解官のうえ、二十余年にもわたって伊豆の伊東祐親、北条時政らの監視下に置かれていた。しかし、囚われの身とはいえ、側近の家人・安達盛長《あだちもりなが》や佐々木定綱《ささきさだつな》らが彼に奉仕していた。

さらに伊豆や相模の武士と連絡を取ったり、頼朝の乳母の親戚・三善康信《みよしやすのぶ》から京都の情報を手に入れたりと、政治情勢の変化を把握していたと伝えられている。ちなみに、監視役の北条時政の娘・政子と結婚したのも配流生活中のことであった。その後、以仁王《もちひとおう》の令旨《りようじ》を機に、東国の武士をまとめあげ平氏を滅ぼすと、東北の藤原氏を滅ぼしている。

一方、秀吉は織田信秀《おだのぶひで》の足軽・木下弥右衛門《きのしたやえもん》を父として生まれた。はじめは、木下藤吉郎という名前であった。彼は父と同じ足軽として、遠江の松下之綱《まつしたゆきつな》への奉仕を経て、織田信長の家臣となる。そこで戦功と才覚が主君の信長に認められて近江を与えられ、長浜に居城するに至る。筑前守に任ぜられた頃から、羽柴姓を名乗るようになっている。

その後、信長の暗殺の報を受けて、その首謀者・明智光秀を討つと、信長の子の後見人となるが、やがて織田家とは袂を分かつようになる。そして、関白、太政大臣の地位を得、同時期に豊臣姓を受けた。そして天下統一後も、さらなる領地拡大を目指して、朝鮮出兵を行っている。

両者の様子は、確かに秀吉の発言の通り、『天下友達』とは的を射ているといえよう。しかし、質実剛健な頼朝と、派手好きな秀吉が友達という絆で結ばれているのは、不思議な感じもする。さらに、低い身分の出であるとか、自分よりも秀吉のほうが功労は大きいといわれていると知ったら、頼朝はどう思うだろうか。

また頼朝は、中世、近世の武士からは偶像視されており、規範とされた人物である。一方、秀吉は自らの出生にも、母は貴族の出で天皇の落胤であることを暗示したり、自分の生まれた時に母は懐中に太陽が入る夢を見たと高山国（台湾）の国書に記したりと、自己を神秘化し、天皇家との関係を示そうとして自己宣伝的な演出を行っていた。頼朝にしてみれば、そのような秀吉に気軽に引き合いに出されては、「世を去ってからも友達が増えた」と喜ぶ心中とは言いがたいだろう。

第七章

新たな活躍!?　あの人の意外な余生

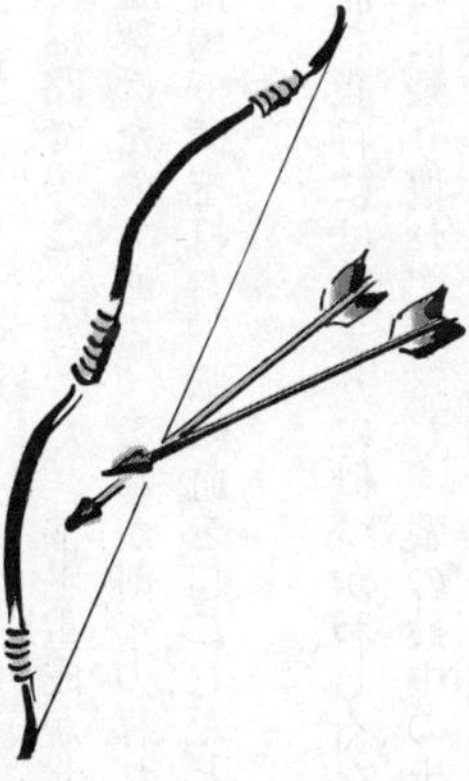

征夷大将軍は乗馬が苦手？落馬のケガが原因で世を去った源頼朝

源頼朝《みなもとのよりとも》は不世出の武将であるが、実戦での武勇よりは政治家としての力量が卓越していたことで知られる。だからといって武術がまるで駄目だったわけではあるまい。石橋山の戦いにおいては自ら弓を取って奮戦している。

しかしながら、鎌倉幕府を開き、武家政治を創始した頼朝は、定説によると、建久十（一一九九）年、落馬が原因で死去したとされている。

その落馬は、相模川の橋の開通式に隣席した帰路でのことだった。稲毛重成《いなげしげなり》が北条政子の妹にあたる亡き妻の追悼のために橋を架けたのである。これが前年の暮れのことで、年明けの一月十三日に死亡した。落馬で頭を打ち、脳出血を起こしたといわれている。

馬から落ちたことが原因で死んだとは、有能な武将にはあまりに似つかわしくない最期である。馬術云々は抜きにしても、馬には乗り慣れているし、戦の最中の出来事でもない。

こうした事実が諸説を生んだ。

そもそも落馬原因説は、没後十余年にして『吾妻鏡』に登場した落馬の記述から生まれたと見られている。ただし、そこには開通式の帰りに落馬したこと、それから十余日して頼朝が死去したことが書かれているだけで、落馬と死を結びつけてはいない。馬から落ちてケガをして死んだとはいっていないのだ。

『吾妻鏡』は鎌倉幕府の準公的な記録であるにもかかわらず、肝心の死去当日の条が欠けている。それから十余年の後の記述が死因を探る手がかりとされているのだ。これはあまりに不可解なことである。何か記録できない事情があったと考えるのは当然だろう。

古くは平家の祟りであるとか、義経《よしつね》や安徳天皇《あんとくてんのう》の怨霊の仕業だといった説が流布したこともあった。ほかに、政子《まさこ》が嫉妬のあまり暗殺したとする説、政子の父・時《とき》政《まさ》がクーデターを起こしたとする説などもある。

また、京の公卿の著わした『百錬抄《ひゃくれんしょう》』や藤原定家《ふじわらのさだいえ》の『明月記《めいげつき》』、慈円《じえん》の『愚管《ぐかん》抄《しょう》』などでは、心労、過労、急病といった死因が挙げられている。

近年では、脳卒中を起こしたとする説が注目されている。その根拠のひとつが、近衛《このえ》家実《いえざね》の『猪隈関白記《いのくまかんぱくき》』の「飲水の重病」という記述である。大量の水を欲する病気を飲水病といって、今にいう糖尿病にあたると考えられている。糖尿病が進行した場合、合併症として恐れられるのが血管障害。これが脳で起こると脳卒中となる。

糖尿病になると抵抗力も弱まるから、風邪などもひきやすい。こうしたことから、風邪をひいて馬に乗っていた時に軽い脳卒中を起こして落馬、やがて死に至ったという説を唱える人もいる。

糖尿病であったか否かは別として、落馬の原因を脳卒中に求めた場合も、寒さの厳しい時期であり、五十二歳という年齢では十分に起こりうることではあろう。

もちろん単なる記述通りの落馬事故で、打ち所が悪くて死亡した可能性も捨てきれない。乗馬の名手であっても、ふとしたことで落馬することはある。真偽のほどは今となってはわからないが、突然訪れた無念の死であったことだけは確かだろう。

法然と一緒に南無阿弥陀仏!? 浄土宗の僧となった弓の名手、那須与一

息子の頭に置いたリンゴを見事弓矢で打ち抜いたウイリアム・テルの物語は有名だが、このスイス独立の英雄に、勝るとも劣らぬ弓の名手として名を馳せた源平時代の武将が那須与一《なすのよいち》宗隆《むねたか》である。『平家物語』のなかで、そんな那須与一、一世一代の逸話が紹介されている。

それによると、元暦二（一一八五）年の屋島の戦いにおいて、平氏方の優美な女房が小舟の上で手招きをした。そして、棹《さお》に扇を立て、その扇を射抜いてみよとばかりに源氏方を挑発したのである。

それを見た源義経は、自軍の弓の名手である那須与一に弓で扇を射抜くよう命令する。海岸から沖で掲げられた扇までの距離は五～六段。現代の距離に換算する

と、約五十五～六十五メートルもの距離に相当し、しかも的は波間に漂う舟の上にある。非常に難しい状況であった。しかし、「南無八幡……」と唱えた与一が放った矢は見事にこの扇を射抜いたのである。

果たして、与一の成し遂げた技は可能なものなのか、それとも架空の物語で単に創造された伝説に過ぎないのか……。

本当のところは不明だが、現代の弓の名手たちを集めて実験を行ったグループがあった。この実験は、那須与一が扇を射た状況と同じ設定で、矢をどれだけ正確に射ることができるかを試すというもの。この実験の結果、沖の扇を射抜くことは不可能ではないことが判明する。だが、成功率は二十～四十パーセントと低い確率を示していた。実際に与一が一発で射抜いたとなると、並々ならぬ弓の技量の持ち主ということができよう。

この妙技によって名を残した那須与一、源平合戦が終結した後、どのような人生をたどったのであろうか。

武士として華々しい出世を遂げたと思いきや、実は義経の軍勢で活躍したこともあって、鎌倉幕府から疎んじられる存在になってしまっていた。その挙げ句、源頼朝の腹心・梶原景時《かじわらのかげとき》の攻撃を受けてしまう。だが、与一は幕府軍を見事に撃退。

有利な条件で和睦に持ち込むという快挙を成し遂げている。

そのうえ、その後の変身ぶりも見事である。弓の名手として名をとどろかせた那須与一は、突如として弓と剣を捨て、その名を「源蓮」と変えて仏門に入ってしまったのだ。建仁二（一二〇二）年、与一が三十四歳前後のことであろう。出家の理由は明かされていないものの、弓の名手ゆえに多くの人々に死をもたらしてしまったことを悔やんだのか、死者の菩提を弔うために、西国を巡礼したといわれている。

しかも、那須与一が入門したのは、浄土宗の開祖である法然のもとだった。熱心に修行したのであろう、入門から二年で、早くも法然の高弟と目されるまでに仏の道を極めている。まことに鮮やかな転身ぶりであった。

巡礼中、現在の神戸市にある北向八幡神社に滞在中に、六十四歳くらいで世を去るまで、那須与一は三十年もの間、名を馳せた弓とは遠く離れた世界で暮らしていたのである。

義仲の仇との間に子供を産んでいた⁉ 源平合戦を彩る絶世の美女巴御前

巴御前《ともえごぜん》というと、源平合戦に登場する女性のなかでも、一、二を争う勇猛果敢な戦士として知られている。同時に日の出の勢いで京の都に進軍して平氏を都から駆逐し、旭将軍と謳われた、木曾義仲《きそよしなか》の愛妾と目される人物である。

『源平盛衰記《げんぺいじょうすいき》』では、巴御前は大弓の名手であり、荒馬も巧みに乗りこなし、武芸に秀でた剛《ごう》の者であると記されている。それでいて、容姿端麗な美しい色白の女性でもあったから、その活躍ぶりは伝説となって今に伝えられることになった。

古くからドラマや戯曲のなかでスポットを当てられることも多い巴御前だが、その出自となると不明な点が多い。そもそも巴御前がいつこの世に誕生して、いつ没したのかも不明である。家柄は、信州木曾谷の豪族中原兼遠《なかはらかねとお》の娘だとする説が有力だが、はっきりはしていない。

また年齢にしても、義仲が京都から落ち延びる際の年齢が二十八、三十一、三十二歳説があるなど、とにかく謎に包まれた女性といえよう。

巴御前が残した逸話のなかで最も有名なものは、義仲と今生の別れをする場面である。京都で源義経率いる東国武士との戦いに敗れて敗走することになった義仲は、なんとか琵琶湖の打出ヶ浜まで落ち延びた。当初五万騎といわれていた義仲の軍勢であったがすでに多くは離散し、残った者も次々と討ち倒され、この時、義仲に従っていたのはわずか七騎とも八騎ともいわれている。このさなかにあって、巴御前はまだ義仲の傍にあり、ここに生き残ったという事実が巴がいかに剛の者であったかを証明していよう。

だが、一人で千人の相手と戦えるといわれた巴御前と、義仲はここで別れる決心をする。その理由については、自分の最期を悟った義仲が、最後の戦いに女性を連れていたのでは面目が立たないとしたという説や、故郷へ帰って自分の戦いの様子を後世に伝える役目を与えたからだともいわれている。

なかなか納得しなかった巴御前だが、義仲の願いを渋々受け入れ、最後の奉公とばかりに敵将を探す。そして、怪力で聞こえる敵将・恩田《おんだ》八郎師重《はちろうもろしげ》を見つけるや、見事その首を取ってみせた。そして、鎧や兜などを脱ぎ捨て、美しい女性の姿になって姿を消したとされている。

戦場を離れた巴御前のその後は、意外な動向をたどっている。それは、義仲の仇となった源頼朝の部下の妻となったというものだ。

故郷の信濃国に帰って悲嘆の日々を過ごしていた巴御前は鎌倉から召還される。巴は出向くが、どうしても義仲の仇である頼朝に打ち解けた態度を取ることができない。怒った頼朝は、巴の首をはねるよう命令したが、これを押し留める人物がいた。のちに侍所の別当にまで出世する頼朝の腹心・和田義盛《わだよしもり》である。さらに巴の美しさと武勇を惜しみ、自分がもらいうけて妻にしたいと願い出たのだった。

その後なかなか首を縦に振らなかった頼朝を説き伏せることに成功した和田義盛は、巴を妻に迎え、男子を儲けた。その名を朝比奈三郎義秀《あさひなさぶろうよしひで》という。

ようやく落ちついた家庭生活を営むと思われた巴御前だが、それもつかの間、和田一族が北条氏の策略にかかり合戦に巻きこまれてしまう。この戦いで義盛や義秀が戦死したうえ、和田一族までもが滅ぼされることとなった。あまりにも無残な運命に直面した巴は衝撃を受けて越中へと身を寄せる。ここで出家して巴尼となり、残りの半生は義仲、義盛、義秀の菩提を弔いながら静かに暮らしたとされている。

しかし、信濃に帰った後の巴御前の心情や、その後、戦いの場で活躍しなかった理由なども明らかにされていない。出生や義仲と別れた後に巴御前がたどった道も、完全には解明されていないのが本当のところだ。

平安時代の小野小町《おののこまち》といい、この巴御前といい、絶世の美女とされる人物にはえてして謎が多い。こうした神秘性が後世の想像をかき立てるものとなるのだろう。

八百年の時を超えて残る愛の証を残した清盛の愛妾・祇王

平清盛が思いのままに権力を得てのし上がっていった後には、踏みつけられた人々の恨みつらみが残った。破滅へと追い込まれたのは男たちだけでなく、一時は寵愛を受けた女たちのなかにも多々あったことはいわずもがなであろう。

京の白拍子《しらびょうし》祇王《ぎおう》もそうした女の一人だ。現在の滋賀県野洲町で江邊荘司橘次郎時長の娘として生まれたが、保元の乱で父が戦死した後、母の刀自《とじ》に連れられて京に上り、白拍子となる。妹も白拍子となり、祇女《ぎによ》と呼ばれた。

祇王は歌と舞の素晴らしさで名を馳せ、清盛の寵愛を受けて邸でともに暮らすようになる。ところが、蜜月も三年目を迎えたある日、ほかの白拍子に清盛を奪われてしまう。

その白拍子は仏御前《ほとけごぜん》といい、自慢の舞を清盛に披露したいと訪ねてきた。はじめ清盛が面会を拒んだ時、祇王がとりなしたことが結果的に仇となった。清盛は仏御前の美貌と舞の素晴らしさに惚れ込んで、心変わりしてしまったのだ。

ほどなく祇王は邸を追い出され、仏御前が後釜に座った。清盛はあろうことか仏御前の退屈しのぎにと、祇王に向かって芸をしろと迫る始末だった。なんとも残酷な話である。

祇王はこの屈辱的な扱いに耐えて、一度は芸を見せた。清盛から圧力をかけられ、彼を恐れる母に懇願されては、いたしかたなかったのだ。

こうして追いつめられた祇王は、二十一歳の若さでとうとう出家してしまった。清盛と仏御前への恨みがつのっての行動といわれるが、屈辱に耐えるよりは世を捨てることを選んだともいえよう。母の刀自、妹の祇女も出家し、ともに嵯峨の山奥の庵で静かに余生を送った。

興味深いことに、祇王から清盛を奪った当の仏御前も後にここに加わっている。祇王への罪悪感から出家したとも世の無情を悟ったともいわれるが、再会した両者の胸のうちはどのようなものであったのだろうか。

この寺とは現在の京都市右京区嵯峨野にある祇王寺《ぎおうじ》で、祇王、祇女、刀自、仏御前、そして清盛の像が安置されている。さらに境内には、祇王、祇女、刀自の墓と清盛の供養塔も残っている。

清盛の心変わりで貶められ、寂しい晩年を送ったわけだが、寵を得ていた頃に生地の人々に大きな貢献をしたという伝承がある。滋賀県野洲の町中に流れる祇王井《ぎおい》川《がわ》という川は、清盛が祇王に乞われて水を引いた人工河川だというのである。

祇王は水利の便が悪い故郷で困っている人々を思い、清盛から望みのものはないかと聞かれて、その問題を持ち出して頼んだのだという。河川工事は承安三（一一七三）年から五年がかりで行われたと伝えられる。

工事に五年の歳月を要したとなると、三年目に祇王が追い出されたことと辻褄があわない。実際には二人の関係がもっと長く続いたのか、工事が五年もかからなかったのか、はたまた清盛がいったん始めた事業を最後までやり遂げたのかはわからない。いずれにせよ、祇王井川は現在でも水田などに利用され、地元の人々の暮らしと深く結びついている。野洲にある祇王の生地中北には祇王寺と名付けられた寺が建立されており、一家の邸跡には碑石も建てられている。

祇王は清盛から得た愛の証を、八百年以上の歳月を超えて今なお存在する川として残したのである。

今生の別れに託した和歌！ 平家公達の風雅の心を歌として残し散った平忠度

平氏の勇将というと猛々しく戦に明け暮れる姿が浮かび、無粋な男のように思われるかもしれないが、平忠度《たいらのただのり》はそうしたイメージとは異なる。文武ともに優れ、平氏の歌人武将として知られた人物であった。

忠度は天養元（一一四四）年に生まれた平清盛の末弟だ。正四位下で、左《さ》兵衛《ひょうえ》佐《すけ》、薩摩守となっている。源平合戦の歴戦の武将であり、治承四（一一八〇）年には以仁王《もちひとおう》、源頼政《みなもとのよりまさ》の軍を破り、養和元（一一八一）年の墨俣《すのまた》の戦いにも加わって勝利を収めたが、寿永二（一一八三）年には倶利伽羅峠《くりからとうげ》の戦いで敗れることとなる。

ただ、忠度の人間像としては、どちらかというと武功よりも和歌の上手であったことが注目されることが多い。とくに有名なのが、都落ちの際の逸話である。

寿永二年、清盛の後継・宗盛に率いられた平家一門は、安徳天皇を擁して都落ちした。忠度もこれに加わったのだが、途中で引き返して京へ戻り、和歌の師である藤原俊成《ふじわらのとしなり》のもとを訪ねたのだ。

そして、これまで詠んだ歌のなかで選りすぐったものを集めた巻物を差し出した。今生の別れを覚悟しての行動であろう。世の情勢が落ち着いたあかつきに勅撰集が編纂されることでもあれば、そのなかから一首でも選んでいただきたいと願いを伝えたという。歌道への情熱に俊成が感じ入り、大切に預かると約束すると、「もうこの世に思い残すことはございません」と言い残し、立ち去っていったと伝えられる。

そんな忠度最期の歌もよく知られている。寿永三（一一八四）年、一ノ谷で源義経の奇襲にあった時、忠度は西の手の大将軍だった。敗戦を悟り、離脱を図るものの、岡部六弥太忠澄にお歯黒を見咎められる。武骨一辺倒の坂東武者に対し、平氏の人々は公家の真似をしてお歯黒をぬるなど化粧を施していた。これが仇となったのである。忠度は覚悟を決めて六弥太に挑むや、これを力技で組み伏せた。だがそこへ助太刀に入った従者に右腕を斬り落とされ、六弥太によって討ち取られてしまうのだった。

この時、六弥太は忠度の遺骸の箙《えびら》に、文が結びつけられているのにふと気づいた。そこには「旅宿花」との題で詠まれた歌があった。

「行きくれて木の下かげを宿とせば　花やこよいの主ならまし」

源平合戦で勇敢に戦い、都落ちして苦難の旅を続けた忠度は、最後まで歌を忘れなかったのだ。争乱のただ中にあって風雅を忘れなかった平氏方武将の心は、忠度の歌によって後世に伝えられることとなったのも事実である。

一方、忠度の和歌を託された俊成は忠度の没後、『千載和歌集《せんざいわかしゅう》』の撰者の一人となって、この約束を果たした。「故郷の花」と題した「さざ浪や志賀のみやこはあれにしをむかしながらの山桜かな」という歌を載せたのである。まだ平家一門は天皇の咎めを受ける立場であったので、作者の名は伏せ、詠み人知らずとされている。

常陸坊海尊が衣川から姿をくらましたのは義経を逃がすためだった？

義経の家臣、常陸坊海尊《ひたちぼうかいそん》は、『源平盛衰記』や『義経記』に登場する。しかし、彼に関する資料はほとんど残されていないが、義経の父・義朝に仕えた丹波の和次郎の子供だったこと、近江国園城寺の荒法師であったとされる。延暦寺の荒法師の家臣・弁慶とは、出身の寺がライバル関係にあるが、『源平盛衰記』には、挙兵した頼朝のもとへ駆けつけた義経とともに、弁慶、海尊の二人もいたことが記されている。二人がどのように出会い、なぜ平氏打倒に燃えたのかはわからないが、海尊については源氏の出身だったことが関係していると推測することができる。

海尊は知名度も低いが、数少ない物語のなかでは、強力無双の荒法師として、平氏との戦いで目覚しい活躍をしたことが記されている。また、弁慶に次ぐ者として、かなり重要な立場にあった形跡が見られる。おそらく、一行の先乗りや殿軍《しんがり》などを務めることで、義経を守っていたのではないかと考えられている。

時は経って、義経が兄の頼朝に追われる身となった時、義経一行は平泉を目指して逃避行を続ける。『義経記』によると、その一行のなかにも弁慶の次に記されているのが海尊だった。ところが、同書にある文治五（一一八九）年の閏四月末のこと。義経の庇護者である秀衡《ひでひら》が亡くなると息子・泰衡《やすひら》は頼朝の圧力に耐えかねて、義経を攻撃するのだが、その時には海尊の姿はなかった。主君の義経が館に火をかけて自害し、弁慶らも最後まで踏みとどまり、主君を守ろうと華々しく散ったというのに……。海尊は前日の朝、十一人の者とともに近くの山寺に参拝に出かけたきり戻ってこなかったのである。

この出来事を、素直に解釈するならば、泰衡による襲撃を事前に知っており、恐れをなして逃げたと考えるのが妥当である。義経の重臣でありながら、裏切り行為を行った海尊は、数々の逸話を残す弁慶とは対照的に、その名は物語からも抹消されても仕方がない。『義経記』の八巻には「言うばかりなき事どもなり」とのみ書かれている。

ところが、義経は追っ手を逃れて海上に落ち延びたとする説のなかで、逃避行に大きな役割を果たしたのが、海尊ともいわれる。それを解く鍵は、衣川の戦いを逃れた彼はどこに行ったのかということ。津軽半島から見て青森湾の向こう側に位置する下北半島の脇野沢村に、海尊の伝説が残っていることから、同村に潜んでいたと考えられる。それは、海尊は病人の出た家に深夜人知れず訪れては、薬を投げ入れていたというものである。

北行伝説のなかで、義経はその途上、各地に家臣たちを残している。宮古には鈴木三郎、八戸には泰衡《やすひら》の弟・忠衡《ただひら》の重臣・板橋長治といった具合である。そこに脇野沢村の海尊も加わると、それらの位置は、平泉から等間隔になっており、義経によって恣意的に配置されたと考えることができるのである。

当時は、情報収集・通信手段が乏しかったため、信頼できる情報を得るには、信頼できる者を各地に遣わし、その地に留まって、周辺の様々な情報を収集し、それを上層部に連絡したり、情報伝達をすることが有効だった。義経は平泉の情勢を、的確かつ迅速に把握するために、彼らを配したと推測できるのである。またこのルートは、最後に重臣・海尊を海の近くに配することで完成するのだ。海尊は義経の情報将校として活躍したのだろうか。

いずれにしても、最後まで謎に包まれた人物なのである。

頼朝の旗揚げに素早く応じ頼朝の信頼を受けた千葉常胤の栄光の日々

平家一門の天下において、源頼朝の旗揚げへの対応に冷静な判断が必要であったことはいうまでもない。頼朝への帰順という重い決断を速やかに下して大成功を収め、一族発展の基礎を築いた武将に千葉常胤《ちばつねたね》がいる。

千葉氏はその名が示す通り房総に勢力を張り、常胤は父・常重《つねしげ》から下総介の家督を継いでいた。十二世紀前半には本領千葉荘をはじめ、立花郷、相馬御厨《みくりや》、国分寺なども領していたが、国守・藤原親通に立花郷と相馬御厨を取り上げられてしまう。以降も姻戚関係によって平清盛との関係を深めた親通の孫親政から圧迫され、下総における覇権を確立できずにいた。

治承四（一一八〇）年の源頼朝の旗揚げは、そうした状況のもとで起きたのだった。石橋山で敗れて安房に逃れた頼朝にしてみれば、鎌倉への道が開けるか否かはこの地に根を張る各勢力の出方にかかっていた。房総半島西側を北上するにあたり、妨害を受けるようでは武蔵国の武士団との合流に支障をきたす。

両総平氏の族長であった上総広常《かずさひろつね》がなかなか態度を決めずにいたのに対して、常胤は速やかに頼朝に帰順した。頼朝からの遣い安達盛長《あだちもりなが》を前に、源家再興の機会に出会えたことに感激の涙を流し、一門を率いて出迎えると約束している。

その言葉通り、常胤は頼朝を迎える前に平氏方の下総目代を討ち果たし、藤原親政の軍をも打ち破り、三百余騎を率いて下総国府で頼朝に参会した。頼朝は常胤に「父となすべし」と語り、以降、深い信頼関係で結ばれることになる。

その後も、常胤は六十代の高齢にもかかわらず、一門の軍勢を率いて各地で奮戦した。木曾義仲、平家の追討に加わり、源範頼《みなもとののりより》とともに九州まで進撃。さらに壇ノ浦の戦いの後は鎮西守護人として九州で戦後処理にあたっている。

寿永二（一一八三）年には、頼朝が上総広常を謀反の疑いで抹殺したため、その広大な所領を得ると同時に、両総平氏族長の座にも就くこととなる。

さらに、文治五（一一八九）年の奥州藤原氏追討では東海道大将軍を任ぜられ、戦功をなした。頼朝は奥州平定の勲功の賞を、真っ先に常胤に与えている。こうして、両総をはじめ、奥州、陸奥、美濃、薩摩、備前、豊前などに所領を得た常胤は、幕府の有力御家人となった。

常胤は誠実、質実なことで知られており、疑い深い頼朝からも変わらぬ信頼を寄せられた。政子の初めての懐妊に腹帯を整えたのは常胤の妻であり、頼家誕生の七夜の儀は常胤が妻子ともども主催した。次男・実朝の四夜の儀も執り行っている。幕府年頭に祝儀の品を添えて椀飯を献ずる椀飯沙汰も、常胤が例年最初に務めた。ある時、小袖十余領を着た筑後守俊兼を見た頼朝は、その小袖を刀で切り、常胤を見習うよう言ったという。派手なことをせず、質素な暮らしをしているから、家も富み、郎党も多く抱えていると、彼の生き方を褒めたのである。

常胤は頼朝の他界した二年後、建仁元（一二〇一）年に没した。八十四歳での大往生である。頼朝に素早く帰順する大勝負が吉と出て、誠実な人柄で信を勝ち取り、千葉氏繁栄の礎を固めた千葉常胤。このことは子孫から敬われ、胤の字は今でもその名に用いられている。

家督を他人の子義経に譲り、藤原家に火種を残して逝った藤原秀衡

奥州を支配した藤原氏が磐井郡平泉に居を定めたのは、嘉保元（一〇九四）年頃のこと。初代の清衡《きよひら》のあと、争いを制して二代目となったのは基衡《もとひら》である。その

子、秀衡が当主となったのは、三十六歳の時、すでに四代目を継ぐ子・泰衡は三歳になっていた。黄金や鉄、駿馬といった財力を受け継いだ秀衡は、十七万騎の兵をも擁し東北地方の支配者として君臨、奥州藤原氏の最盛期を築く。馬や黄金を貢ぐことで朝廷との関係を保つと、代々の領主と同様に寺院を建て、仏教鎮護国家として京風の文化を花開かせた。また彼は、陸奥守という地位も得ている。

おりしも源平両家が激しく戦っていた時代。両者にとって、「北の王者」は無視できない存在だった。平氏は官職を与えることで懐柔を図ってきた。源氏、とくに頼朝にいたっては、後年彼を呪い殺そうとしたというから、その存在の大きさがうかがえよう。そういった状況のなか、秀衡は明確にどちらにつくという意思を見せることはなかった。

ただ秀衡は、承安四（一一七四）年、青年時の源義経を迎え入れている。当時は清盛が政権を誇った時代にあって、なぜ源氏の子を庇護したのであろうか。それは、秀衡の義父・藤原基成《ふじわらのもとなり》が、義経の父・義朝と平治の乱を戦った戦友だったことにあるとされる。

とはいえ、秀衡は義経を大歓迎で迎え入れたわけではない。あまりにも手厚くもてなせば平氏に反感を買う可能性もある。しかし、若者一人も面倒を見ないと目されるのも本意ではなかった。多少厄介に感じたかもしれないが、当主の度量として迎え入れたという程度のものであろう。

こうして、十六歳からの七年間を平泉で過ごすことになった義経は、この地で兵法を身につけたとされる。まさに、秀衡そして平泉があったからこそ、義経の活躍があったといえよう。

そして月日がたち頼朝の挙兵の知らせを聞いた頃のこと。兄のもとへ馳せ参じようとする義経を、秀衡は留まらせようとする。源平合戦に参加しない限り、平氏が勝っても従来通り、源氏が勝てば源氏の者を加護した名目があるから、奥羽は安泰であるはずだった。しかし、参加するとなると平家からは反目されるかもしれないし、源氏にはその配下になることを迫られる危険をはらむものだった。

果敢に戦い手柄を立てた義経だったが、兄から命を狙われる身となると、文治二(一一八六)年頃、再び秀衡を頼って平泉へ落ち延びてきた。その時秀衡は、風邪で臥していたにもかかわらず、自ら義経を迎え、手厚くもてなすのである。

この時の秀衡の心中はいかなるものであったのか。確かに以前から、源平両家と均衡を保って奥羽を守ってきた。しかし懐柔派の平氏が倒れ、中央政権を握った頼朝の最大の敵をかくまうことになってしまったのである。頼朝にとっては、義経は生かしておくことのできない存在であったし、秀衡のいる奥羽藤原氏もまた脅威に感じていたであろうことは秀衡自身もわかりきっていたであろう。

秀衡は十分な数の兵士を持っていたが、平和な時代が続いた奥羽では、実戦の経験を積んだ兵士はほとんどいない。厳しい自然で訓練しても、平氏との激しい戦いに打ち勝ってきた源氏の相手ではなかった。そこでこうした兵士たちを率いる将として、戦上手の義経はもってこいの存在であった。

だが、一方で、実子と義経の関係にも苦慮していたであろうことは想像に難くない。秀衡は考え抜いた末、奥羽の支配を守るために、実子よりも才覚のある義経を後継者とするのだった。死に際し、息子・国衡、泰衡と家来たちに向かって「判官《ほうがん》殿を愚かになし奉るべからず」また「義経公を大将軍（主君）とせよ」という遺言を遺したと伝えられている。享年は六十六歳とされ、ここに秀衡の三十年の平泉治世が幕を閉じる。この知らせを聞いた義経は、その遺体に取りすがって泣いたという。

とはいえ、この的確な遺言が結果的に藤原氏を滅ぼすこととなる。泰衡・国衡は血のつながらない義経が主となることに反発し、結局衣川で義経を討ってしまう。これが頼朝の追討を受けることとなり、奥州藤原氏は四代で滅び去るのである。

夫の死後、不甲斐ない息子より北条執権政治の確立を重んじた北条政子

源頼朝の妻にして尼将軍《あましょうぐん》の異名を取った北条政子。聡明にして気丈夫、大きな目的の達成のためには母親としての情まで切り捨てる非凡な人物である。冷酷非情ともいわれるが、激動の世に翻弄された多くの女性とは異なり、逆風に遭っても自らの意志で状況に対処していく姿勢が強烈な印象を残す。

政子は北条時政の長女として生まれ、六歳下に弟の義時がいた。後に時政は北条政権の礎をなし、義時が執権政治を確立したわけだが、そもそも時政は地方の一豪族に過ぎなかった。娘の政子が伊豆へ流されていた頼朝と結ばれ、時政が流人である頼朝の器量と将来性を見抜いたことが、北条氏を権力の座へ引き上げる端緒となるのである。

とはいえ、政子は純粋に頼朝に惚れ込んでいたようだ。父・時政は平家の手前もあり、はじめは伊豆目代に嫁がせようとしたが、政子はこれを拒否して頼朝のところに籠ってしまった。

二人のなれそめとして、頼朝が政子の妹に宛てた手紙が、誤って姉のほうに届けられたとする話もある。いずれにせよ、政子は平家に盾突いて流人となった頼朝に恋をし、押し掛け女房のようにして妻となるのである。

政子は頼朝との間に、頼家、実朝、大姫、乙姫と二男二女を儲けた。夫の偉業を継ぐべき子をなし、幸せに包まれ、平和な日々が訪れるのを期待していたことだろう。

頼朝の浮気に悩まされもしたし、その相手には情け容赦ない仕打ちもした。それでも、弱い立場にある女には憐憫の情を隠さない。義経の愛人静御前《しずかごぜん》が頼朝の前で平然と義経を慕う歌を唄った時には、激怒する頼朝に対し、これぞ貞女であると自らの過去の心情をもあわせて述べ、夫をたしなめている。

ただし、不世出の男を夫とした政子も、子供のことでは恵まれなかった。長女・大姫は幼い頃に許婚を頼朝に殺された悲しみから立ち直れぬままに早世。次女の乙姫も頼朝が没して間もなく他界した。

それでも息子が頼朝の後継にふさわしい人物であれば、少しは救われたであろう。しかし、それもかなわぬ望みだった。独裁色を強めていた頼朝が正治元（一一九九）年に五十三歳で急逝すると、厳しい現実に直面することになる。

長男頼家は十八歳にして跡を継ぐ。独裁制は停止され、北条氏、三浦氏、畠山氏をはじめとした有力御家人による合議の体制に移行したものの、時政は将軍の外祖父として権力の強化に乗り出し、幕府草創期からの有力御家人は次々と粛清されることになる。

当の将軍頼家は力を削がれ、不満を持つが、その言動は愚かしいばかりで頼朝とは比べものにもならなかった。しかも、この暗愚な頼家と巧みに、そして密接に結びついた比企一族が権勢をふるうようになる。比企《ひき》能員《よしかず》は頼朝の乳母の養子で、妻は頼家の乳母だった。比企一族は外戚勢力であり、なおかつ頼家の後見としての地位も有していたのである。

そうしたなかで頼家が病床につくと、早くも時政は頼家と実子一幡《いちまん》だけでなく、弟の実朝にも家督を継がせ、分割譲与としてしまった。六歳になる一幡は頼家と側室となった能員の娘との子であるため、比企一族に権力を掌握されるのを恐れたのである。

回復した頼家は憤怒して能員に北条氏の追討を命じるが、政子の知るところとなり、比企一族と一幡は時政により抹殺された。頼家も伊豆・修善寺《しゅぜんじ》に幽閉された後、殺されている。

この暗殺事件は北条氏が背後にあるとされる。実際に命令を下したのが時政であるにしろ、政子がこの事実を知らないわけがない。北条氏繁栄のために政子は息子の殺害を黙認したとみてよいだろう。その後政子は、権力を握ろうとする父・時政の後妻牧の方と対立を深める。時政はやがて牧の方の意のままに畠山重忠《はたけやましげただ》を誅殺し、三代将軍・実朝の暗殺さえ目論んだのである。父とはいえ政子の我慢も限界であり、義時と謀って時政と牧の方を伊豆に隠退させたのだった。

こうして義時が実権を握るわけだが、政子と義時が守ろうとした実朝も結局、頼家の子・公暁《くぎょう》に暗殺される。

この当日、義時は事件の直前に気分が悪くなって、その場を離れているため、暗殺劇の背後には義時がいたと見られている。そしてこの事件について傍らには政子の影がちらつく。公暁は実朝の猶子《ゆうし》となっていたものの、育てたのは政子である。

政子は頼朝の嫡流が跡絶えることより、政権の維持と北条氏の繁栄を選んだと見ていいだろう。

だが、いくら非情に徹したとしても、腹を痛めた我が子を殺すことは苦渋に満ちた決断だったに違いない。当然、御家人たちも諸事情はわかっていただろう。承久の変に際して、将軍御所に集めた武士たちに演説を行った時、彼らが士気を上げたのも、そうした政子の姿勢を理解してのことだと見ることもできる。かつて公卿に犬扱いされた武士が一人前に扱われるようになったのは頼朝公のおかげであり、その恩がある、生き永らえて三代将軍の墓所を踏みにじられるのははなはだ悔しいと頼朝の遺志を示し、上皇側につくなら、まずこの尼を殺して鎌倉を焼き払えと言い放ったのである。

やがて義時も世を去り、政子はその子泰時を執権に任命した。この時には義時の後妻伊賀氏の陰謀をかぎとり、未然に防いでいる。こうして数々の難事に対処した末、政子にようやく永遠の休息が訪れた。

政子は六十九年の生涯で、夫と子供四人をはじめ、多くの喪失を味わっている。時には我が子を抹殺する企てに関わりもしたのだろう。それと引き換えに得た北条氏の天下を、どんな胸中で見つめていたのか、今となっては知る由もない。

【参考文献】　※左記の文献等を参考にさせていただきました。

『源平の争乱』『源義経』安田元久、『源頼朝のすべて』奥富敬之編、『武家の棟梁源氏はなぜ滅んだのか』野口実、『みちのく燃ゆ～奥州藤原一族の世紀～』『総集編源平ものしり百科』（以上、新人物往来社）／『武士世界形成の群像』安田元久、『源義経』渡辺保、『鎌倉時代　その光と影』上横手雅敬、『奥州藤原　その光と影』高橋富雄、『平清盛』五味文彦（以上、吉川弘文館）／『日本史を読みなおす2　古代から中世へ』『朝日百科　日本の歴史③』（以上、朝日新聞社）／『義経はどこへ消えた？～北行伝説の謎に迫る』中津文彦、『源頼朝　鎌倉殿誕生』関幸彦、『毛利元就の謀略』小林久三（以上、ＰＨＰ研究所）／『源頼朝の世界』永井路子、『平家伝説』松永伍一（以上、中央公論新社）／『合戦の日本史』安田元久、『日本の歴史を変えた３０２人』日本歴史人物研究会（以上、主婦と生活社）／『日本合戦史（上）』高柳光寿・鈴木亨、『鎌倉武士物語』今野信雄（以上、河出書房新社）／『吉村昭の平家物語』吉村昭、『お墓の履歴書　日本人一〇〇人の墓にみる墓相と運命』中山聖山、『日本史人物「その後のはなし」』加来耕三、『日本史の快楽』上横手雅敬、『平家物語の女たち　大力・尼・白拍子』細川涼一（以上、講談社）／『木下順二が語る「保元物語」』木下順二、『日本を創った人びと７　源義経』上横手雅敬、『頼朝の時代』河内祥輔（以上、平凡社）／『日本史の中の女性逸話事典』中江克己、『鎌倉事典』白井永二編、『地図でたどる日本史』佐藤和彦・佐々木慶一郎・坂本昇、『鎌倉武士の世界』阿部猛（以上、東京堂出版）／『日本史の舞台③　風翔ける鎌倉武士』上横手雅敬責任編集、『往生の物語』林望（以上、集英社）／『奈良県の歴史』和田萃・安田次郎・幡鎌一弘・谷山正道・山上豊、『千葉県の歴史』石井進・宇野俊一（以上、山川出版社）／『日本人物話題事典』渡辺富美雄・村石昭三・加部佐助、『郷土千葉県の歴史』川名登編（以上、ぎょうせい）／『羽仁進の日本史歴史物語』羽仁進、『大系日本の歴史⑤　鎌倉と京』五味文彦（以上、小学館）／『海と水軍の日本史（上巻）』佐藤和夫（原書房）／『歴史群像シリーズ⑬　源平の興亡』（学習研究社）／『歴史の嘘と真実～誤解だらけの「正義」と「常識」』井沢元彦（祥伝社）／『合戦の日本地図』武光誠・合戦研究会（文藝春秋）／『源頼朝』永原慶二（岩波書店）／『神社と神々　知れば知るほど』井上順孝監修（実業之日本社）／『日本の歴史を解く100話』吉村武彦・池享・吉田伸之・原田敬一（文英堂）／『人物・遺産でさぐる日本の歴史〈6〉源平の戦いと鎌倉幕府―鎌倉時代』古川清行（小峰書店）／『超航海・英雄伝説の謎を追う』茂在寅男（三交社）／『新・日本伝説一〇〇選』村松定孝、『新編・日本武将列伝』桑田忠親（以上、秋田書店）／『ライバル日本史4』NHK取材班（角川書店）／『読める年表・日本史』（自由国民社）／『平家物語の怪』井沢元彦（世界文化社）／『サイコロジー人物日本史（中巻）』小田晋（KKベストセラーズ）／『家系図から読みとる日本史』須藤公博（駿台曜曜社）／『日本史こぼれ話二〇〇』二木謙一（日本文芸社）／『歴史に咲いた女たち　源氏の花　平家の花』石丸晶子（廣済堂出版）／『平家物語の旅』志村有弘（勉誠堂出版）

本書は、書き下ろし作品です。

著者紹介
日本博学倶楽部（にほんはくがくくらぶ）
歴史上のできごとから、さまざまな文化・情報、暮らしの知恵までを幅広く調査・研究し、発表することを目的とした集団。
主な著書に『「県民性」なるほど雑学事典』『「関東」と「関西」こんなに違う事典』『「歴史」の意外な結末』『雑学大学』『世の中の「ウラ事情」はこうなっている』『歴史の意外な「ウラ事情」』『歴史の「決定的瞬間」』『歴史を動かした意外な人間関係』『「間違いやすい日本語」の本』『戦国武将・あの人の「その後」』『幕末維新・あの人の「その後」』『日露戦争・あの人の「その後」』（以上、ＰＨＰ文庫）などがある。

ＰＨＰ文庫　源平合戦・あの人の「その後」
伝説・伝承にみる「それから」の人間模様

2004年10月20日　第１版第１刷

著　者	日本博学倶楽部
発行者	江口克彦
発行所	ＰＨＰ研究所

東京本部　〒102-8331　千代田区三番町３番地10
文庫出版部　☎03-3239-6259（編集）
普及一部　☎03-3239-6233（販売）
京都本部　〒601-8411　京都市南区西九条北ノ内町11

PHP INTERFACE　http://www.php.co.jp/

制作協力 組　版	ＰＨＰエディターズ・グループ
印刷所 製本所	図書印刷株式会社

ISBN4-569-66263-3